INTRODUCTION
巻頭言

物流を止めない。社会を動かす

物流は多岐にわたる課題と変化に直面している。

ECの普及による貨物の多品種小ロット化、多重下請け構造による商慣習、膨大な情報が錯綜する中でのデジタル対応、人手不足・担い手不足、拍車をかける時間外労働規制(「物流の2024年問題」)……。

経済活動、ひいては国民生活に欠かせない物流に今、危機が押し寄せている。このまま具体的な対応を行わなかった場合、2030年度には輸送能力が約34%不足する可能性があることも示唆されている(出所：国土交通省「物流の2024年問題について」)。

物流におけるさまざまな課題や費用の増加が、経済にとって大きな負担となっていることもまた事実である。

商品の流通スピードが速くなり、取り扱う商品の種類や量が増えたことで、在庫管理にかかる負担や物流施設の確保、維持管理コストが増えている。

国土が狭い日本の道路網は輸送力が限られているため、交通渋滞も常態化し、運送時間の遅延や配送の遅れがコスト増につながる。あわせて、燃料費の高騰やドライバーの不足も物流コストを押し上げている。

さらに、消費者の要求が多様化し、個別配送や回収・返品など、物流におけるサービスの提供範囲が広がったこともコスト負担を増加させている。これらのコスト上昇が企業経営はもちろん、物流部門、協力会社、運送会社らに大きな負担をかけている。

一般社団法人日本能率協会(JMA)は日本の産業界発展のため、あらゆる業界・業種・分野の振興事業を80年以上続けてきた。

物流に関しては「国際物流総合展」という産業展示会の主催※を担っている。

また、2023年度からはより本質的な物流課題へのアプローチ、さらには物流のインフラとしての概念をも変えていくことを目的に、「物流コンソーシアム」を立ち上げた。

実論に基づき、業界・業種の枠を超えた連携と協調により、個社では解決できないことへの新たな解を見いだし、産業界の発展に寄与すべく活動を展開している。

物流の2024年問題をきっかけに、物流の現状や課題がさまざまな形で社会に広まった今こそ変革の転換期とも捉えられる。社会によって翻弄されてきた物流から、"物流が社会を動かす"、そんな未来への始まりとしなければならない。

本誌を通じ、物流のありたい姿や未来を、物流関係者のみならず、ビジネスパーソン、一般消費者の方々にも考えていただくきっかけになれたら幸いです。

2025年2月
一般社団法人日本能率協会

※ 全7団体での主催のうちの1団体として。

Contents

1 巻頭言

Chapter 1

6 物流の重要性と役割

8 【物流の課題を渋滞学から読み解く】
データ公開とAI、若手人材が
物流渋滞解消のカギを握る
西成 活裕
東京大学 工学系研究科 航空宇宙工学専攻 先端科学技術研究センター（兼任）教授

14 【物流業界の人材不足問題を解決するために】
物流関連二法など国の本気が
ドライバーの労働環境を変える
首藤 若菜
立教大学 経済学部 教授 キャリアセンター部長

20 【物流の歴史をひもとく】
江戸時代の飛脚から始まる歴史に
現代の物流を考えるヒントがある
玉井 幹司
物流博物館 主任学芸員

Chapter 2

26 物流革新の挑戦

28 【物流の商習慣を変えるCLOの役割とは】
商習慣として見過ごしてきた課題を
チームで知恵を絞りながら解決
岩﨑 稔
YKK AP 株式会社 執行役員 CLO（最高ロジスティクス責任者）（兼）ロジスティクス部長

物流変革
〜物流を止めない。社会を動かす〜

34 【地域に嫌われない、人が集う物流施設開発は可能か？】
不動産会社の立場から物流会社の課題解決をサポート
帖佐 義之
日本GLP株式会社 代表取締役社長

40 【物流の悪しき習慣を正す挑戦】
環境改善や賃上げ交渉など正しいことをコツコツと
菅原 拓也
株式会社日東物流 代表取締役

46 **COLUMN**
女性トラックドライバーがYouTuberをする理由
YouTubeで情報発信することで物流業界に何か良い影響を与えたい
かな
トラガール兼YouTuber

52 【自動運転トラックを普及させるには？】
AIや車両の技術開発だけでなく物流拠点などインフラ開発も行う
森本 成城
株式会社T2 代表取締役CEO

58 【ドローン物流が実現した未来の姿とは】
AI搭載ドローンの実装が多くの社会課題を解決する
野波 健蔵
千葉大学名誉教授 博士（工学）、一般社団法人日本ドローンコンソーシアム 会長・代表理事

64 【物流業界における女性進出の実態】
女性トラックドライバーを増やすため物流業界ができることは何か
大原 みれい
株式会社NX総合研究所 リサーチ＆コンサルティングユニット2 主任研究員

Contents

Chapter 3

70 連携の未来

72 【共同配送は日本の物流をどこまで変えるか】
ダブル連結トラックによる混載で
積載率38%→65%を実現

梅村 幸生
NEXT Logistics Japan 株式会社 代表取締役社長CEO

78 【カーボンニュートラル実現に向けた物流の役割】
業界横断的な仕組みをつくる
絶好のチャンスが訪れた

小野塚 征志
株式会社ローランド・ベルガー パートナー

84 【船舶の自動運航はどこまで進んでいるのか?】
無人運航船で船員不足と
海難事故の両方を解決できる

海野 光行
公益財団法人日本財団 常務理事

90 【院内物流の見直しで実現する、医療体制のあるべき姿】
人手不足など医療課題解決には
院内物流の効率化が欠かせない

花田 英輔
佐賀大学理工学部 教授 博士（工学）

高階 雅紀
大阪大学医学部附属病院 手術部・材料部・臨床工学部 部長、特任教授

島田 正司
小西医療器株式会社 常務取締役 ソリューション事業本部長

物流変革
～物流を止めない。社会を動かす～

98 【物流が抱える本質的な課題とは？】
待遇改善と賢い運び方が
物流危機から日本を救う

幸重 太亮
株式会社吉野家ホールディングス グループ商品本部 商品統括部 部長

二之夕 裕美
株式会社東海理化 代表取締役社長

筑紫 浩二
アサヒビール株式会社 生産本部 物流システム部長 理事

中條 太
NEXT Logistics Japan 株式会社 幹線輸送事業本部長

106 【物流変革のためにできること】
業界を超えた横のつながりを強化して
危機を乗り越える

島田 正司
小西医療器株式会社 常務取締役 ソリューション事業本部長

矢野 覚士
ソフトバンクロボティクス株式会社
ロジスティクス事業本部 事業推進統括部 事業開発部 事業企画課 課長

井石 明伸
アサヒグループジャパン株式会社 ロジスティクス戦略部 部長

渡部 繁年
株式会社吉野家ホールディングス グループ商品本部 商品統括部 物流担当

114 **EPILOGUE**

【物流変革の今、JMAにできること】
経営者と意識改革を進めて
SCM全体を最適化していく

丸尾 智雅
一般社団法人日本能率協会（JMA）産業振興センター センター長

Chapter 1

物流の重要性と役割

今、日本の物流は大きな転換点を迎えている。
人材不足問題やトラックの荷待ち・荷役問題、労働環境改善など
取り組むべき課題はまさに山積みの状態だ。
この章では渋滞学と労使関係論、物流の歴史に詳しい3人の専門家に
日本の物流が抱えている問題点とその解決策、
そして目指すべき未来像について語っていただいた。

Future *of* Physical Distribution
Chapter 1-1

Chapter 1-1 | Katsuhiro Nishinari

【物流の課題を渋滞学から読み解く】

データ公開とAI、若手人材が物流渋滞解消のカギを握る

なぜ「万物は渋滞する」のか。交通渋滞から細胞内タンパク質、人間の群集、物流まで
物理学の観点からさまざまな場所に表れる渋滞現象を研究する。それが「渋滞学」だ。
その提唱者である東京大学工学系研究科の西成活裕教授に
現在の物流業界が抱える問題点とその解決策について伺った。

Photo: Kazuhiro Shiraishi   Text: Daisuke Ando

西成 活裕

東京大学 工学系研究科 航空宇宙工学専攻
先端科学技術研究センター（兼任）教授

——先生が提唱されている渋滞学の観点から、現在の日本の物流にはどんな課題があると思いますか。

西成　問題だらけで言いたいことがたくさんありますが、大きく3つあります。「荷待ち」「水屋」「データの連携不足」です。まず「荷待ち」とは倉庫や工場の出入り口で渋滞が発生しトラックドライバーが延々と待たされる現象のこと。その間ドライバーはずっと車中で待機していなければなりません。私が調べただけでも平均待ち時間は1時間45分で、多いと6時間以上待たされることもあるそうです。港から内陸に入る際はもっとひどくて12時間待たされたなんて話も聞きます。こんな「渋滞」は道路交通でもまれで

すし、生産性の面からも非効率だと言わざるをえません。

　次の「水屋」は、多重下請け構造が生み出した問題です。以前、運送会社の社長が「先生、こういうの知らないでしょ」と運送業界のマッチングアプリ画面を見せてくれました。アプリ上では、とある運送会社A社が「○月○日、××社まで2万円で運べる人いませんか」という二次請けした案件の募集をかけていました。1分後、B社が「できます」と手を挙げて取引完了します。しかし数秒後、同一アプリ上に「○月○日、××社まで1万8000円で運べる人いませんか」と、まったく同じ内容で少し安い金額の募集が表示されたのです。募集をかけたの

は先程請けたB社でした。数分後、C社が手を挙げて成約しました。これでB社は2000円の儲けです。まさに二次請けが四次請けになった瞬間で、わずか数分の出来事でした。「水屋」はこのB社のような中抜きばかりではありませんが、「さすがにこれは反則でしょう」と思わず憤慨しました。しかし「これが現実ですよ」と苦笑いしていました。こういうことが頻繁に起きているのです。

　3つ目が「データの連携不足」です。日本の物流はDX化が遅れている業界の一つです。現状、部分的には高度なデータ化が進んでおり、陸上のトラックはTMS（輸配送管理システム）で位置や速度を把握できますし、海

Future of Physical Distribution

上の船舶にはAIS（自動船舶識別装置）があり、航空機も速度や進路、目的地などすべてリアルタイムで把握できます。しかし連携がきちんとできていません。そのため東京湾や成田空港では大渋滞や積み降ろし混雑が起きています。いつどこに何の荷物が届くのか、陸海空のデータをつなぐだけで、かなりの荷待ちと渋滞が解消されるはずです。

企業間のデータ共有も遅々として進みません。今後少子化が進めばドライバー不足はますます深刻になり、本当にモノが運べない時代が来るでしょう。そういう未来に備えて、今のうちに共同配送や共同倉庫利用などの効率化を図るために、一定の情報共有を行うべきです。

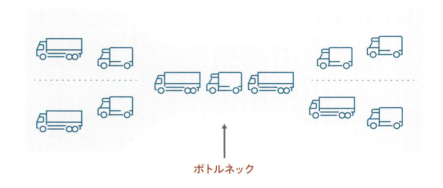

図表1 ボトルネックで渋滞が発生する

2車線だった道路が1車線になると合流地点はボトルネックになり混雑する。港や倉庫など荷物を移し替える接続領域は、このボトルネックになりやすい。

部分最適の解決は新たな渋滞を生むだけ

——どれも複雑で、簡単に解決しない問題に思えます。

西成 おっしゃるとおりです。ただ、この現象を読み解くキーワードが1つあります。「全体最適」です。これは、私が取り組んでいる「渋滞学」のキーワードでもあります。渋滞学と聞くと「なんだ、車と道路の話か」と思われるかもしれません。でも私はもう少し広く「モノの流れの詰まりや混雑が起きる現象」全般を渋滞と捉えています。道路事情だけでなく、例えば群衆の避難経路や細胞内のタンパク質の動き、工場内での生産工程、会社の業務プロセスなども含みます。モノが滞る仕組みと理由を数学的・物理学的アプローチで読み解く学問です。モノの流れが滞るとき、必ずどこかに「ボトルネック」が存在します。瓶のくびれ部分のような箇所で、流量が制限されるためモノがあふれたり詰まったりして、滞りや混雑を生む原因になります。「問題の箇所をグイッと広げてやれば解決するじゃないか」と思いがちですが、それでは大抵うまくいきません。部分最適の問題解決はもっと大きな渋滞を引き起こしたり、新たなひずみを生じさせて別の箇所でさらに大きな渋滞を生むことがあるからです。そのため、全体の流れを整えるという視点で調整を行う必要があるのです。

物流業界を研究対象として見たときに、最初に感じたのがまさにこの「全体最適の不在」でした。「明日朝イチで何とか頼むよ」「配送は安くやってくれる外注先を見つければ良い」など、部分最適の発想によって生まれた矛盾やひずみが未解決のまま放置され、そのシワ寄せが現場ドライバーに行きます。自社のみのコスト削減という部分最適の結果、運賃価格が下落します。ドライバーの給料も下がってなり手がどんどん減っていき、人手不足が深刻化。ついにモノが運べなくなる未来が近付いてきて初めて、荷主も運送会社も「これは大変なことだぞ」と慌て始めた。そんな印象です。

——物流の全体最適には、誰がやるかという問題がありそうです。

西成 すべての企業で渋滞が起きているかというと、そんなことはありません。とあるアパレル企業では、SPA（製造小売業）モデルの導入によって上手に全体最適を行っています。例えば店舗で靴下が1足売れると、まったく人手を介さずそのまま生産部門に

情報が届き、発注される仕組みになっているのです。情報ハイウェイによって垂直統合されている会社ではモノが滞ることはほとんどなく、問題が起きても、全体最適の視点をもって即座に解決されていきます。

　一方で「わが社は配送を外注しているからトップダウンではできない」という意見もあるでしょう。しかし全体最適とはつねにトップダウンで行われるものとは限りません。水平連携によるボトムアップでの全体最適も可能なのです。カギを握るのはデータの共有、いわゆる「オープンデータ」です。JR東日本のSuicaを見てみましょう。開始当初は東日本でしか使えませんでした。関西や東海、九州などが別々に展開していたためです。それでも「新千歳空港と羽田空港が直行便でつながるならSuicaを使えるようにしたほうがいいよね」とシステム連携をしているうちに、いつの間にか日本全国がつながっていきました。今や日本全国どこでも、地方の私鉄や地下鉄はもちろん、コンビニなどでも使えます。このシステム連携は国主導で行われたものではありません。必要に応じてデータをつなげただけなのです。

　実際、物流でもこうした動きが始まっています。2019年に味の素や日清フーズ、カゴメ、ハウス食品などが共同出資で作ったF-LINE株式会社はその一つです。食品業界が会社の垣根を越えて共同配送を実現した好例です。2018年に発足したNEXT Logistics Japan株式会社（NLJ）はさらに画期的です。日野自動車やアサヒグループ

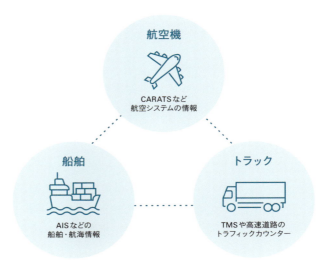

図表2 陸海空の物流情報をリアルタイムでつなげる

航空機、船舶、トラックの情報をリアルタイムでつなげるだけで、港湾や倉庫での渋滞・混雑をかなり解消できる。これは国主導で共有体制を整えていく必要がある。

ジャパン、日清食品ホールディングスなどさまざまな業界が手を組んで、垣根を越えた共同配送に取り組んでいます。夏に売れるビールと冬に売れるカップラーメンを組み合わせることで、年間を通してムラなく、つねに70〜90％という高い積載率で運んでいます。これもすべて、各社が情報を提供したからできたことです。

『コンテナ物語』に見る全体最適の理想像

―― 業界や企業の垣根を越えた連携は心強いですね。

西成　もちろん理想は、トップダウンとボトムアップの双方向から全体最適が行われることです。その理想モデルを1950年代にアメリカで起きた海上コンテナの規格統一に見いだすことができます。海上輸送に使われるコンテナは、今でこそ20フィートと40フィートの2種類の長さに統一されていますが、当時は形もサイズもバラバラでした。各海運会社は問題を自覚しつつも、自前の規格をつくって投資をしていたわけで、引っ込めるわけにはいかず、港では大混乱が起きていました。そこで当時世界シェア1位を誇っていたシーランド社が「このままでは物流の未来がなくなる」と考え、規格統一に乗り出します。同社は自社の特許を一部放棄すると宣言。自社の権益を放棄したシーランド社を見て、追随する会社が徐々に現れます。規格統一が進んだことで、クレーンが使え

Future of Physical Distribution

るようになりました。当初は巨大なコンテナを荷役の人たちが人力で運んでいたのですが、そこも効率化できるようになったのです。

しかし、クレーンが導入されたことで、今度は荷役の人たちの仕事が大幅に減ってしまい、労働争議が起こりました。機械が俺たちの仕事を奪う、というわけです。経営側と港湾労働者側の対立は深まり泥沼化しました。それを仲裁したのが、時のアメリカ大統領ジョン・F・ケネディでした。コンテナ規格の統一やクレーンの導入で出た利益を、賃上げや雇用拡充など労働者に還元することで妥結。ついに米国のコンテナ規格が世界標準として各国に広まったわけです。

ボトムアップとトップダウンの双方向によって大きな社会課題を解決したすばらしい例です。この経緯はマルク・レビンソン著『コンテナ物語』に詳しく書かれていますが、今まさに同じような課題に直面している物流業界にとって、この本は必読書の一つだと思いますよ。

荷待ちと水屋の解決を改正物流関連二法に期待

——日本でも、そういった国のトップダウンが期待できるでしょうか。

西成 2024年5月に公布された物流関連二法(物流総合効率化法と貨物自動車運送事業法)の改正については、個人的にかなり期待しています。荷待ち問題や水屋問題を解決するために、荷主や元請け事業者に対して、積載効率取り組みや何次下請けなのか把握することを義務づけました。さらに悪質な業者に対して是正指導を行う「トラックGメン」も設置しています。何より画期的なのは、初めて罰則規定がついたこと。これ一つをとっても、物流史に残るターニングポイントと言って良いでしょう。省庁の壁を越えたのも大きいですね。これまで物流の問題については各省庁が個別に取り組んできましたが、今回、国土交通省や農林水産省、経済産業省と横の連携が生まれたのもすごいことです。もちろん今後の運用次第ではありますが、荷待ち問題と水屋問題の両方を解決できそうな法改正に対して、拍手を送りたい気持ちですよ。

——「データ連携」についてはいかがでしょうか。

西成 陸海空のデータ連携については、民間では限界があります。例えば、高速道路の通行量カウンターを公開するだけで、物流事業者はかなり助かるはず。今はなかなかうまくいっていませんが、国に頑張ってもらうしかないですね。

企業間の連携については、例えばASN(Advanced Shipping Notice)の仕組みを広げるなど、もう少し個別の努力でも進められると思います。ASNとは「どの商品をどれくらい出荷するかといった物流情報を、あらかじめ共有しておく」こと。これを進めるだけでも随分違います。そもそもサプライチェーンとは予測の塊です。メーカーの生産や営業、卸売業者、小売業者がそれぞれ需要予測をしますが、こうした予測誤差は発生地点から遠くなるにつれ大きくなることがわかっています。消費者は100個しか求めていないのに、小売業者は「品切れにな

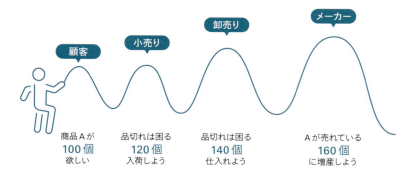

図表3 需要や供給予測を狂わせるブルウィップ効果

需要や供給予測は情報伝播の過程で数量が増大することが多い。この変動の波動が発生地点から遠くなるにつれて大きくなる現象を、ムチ(ウィップ)がしなる様になぞらえて「ブルウィップ効果」と呼ぶ。

るとまずいから120個注文しておこう」となり、卸売りは「どうも売れているらしい。140個用意しておこう」となります。その情報を聞いたメーカーは「大ヒットだ。160個の生産体制にしよう」となるわけです。この現象を、しなるムチに例えて「ブルウィップ効果」と言い、過剰生産や余剰在庫の原因になると考えられています。しかしこれも事前に需要予測データやASNを共有しておけば避けられる問題です。

若手人材とAIに活躍してもらうには

——大きな視点で見ると、データ共有はメリットが多そうですね。

西成 本当にそのとおりです。実は、今の学生は非常に優秀なんです。小学生の頃からアプリの開発やAIのプログラムを組んでいたという若者はゴロゴロいますし、AIを使ったデータ解析もお手のものです。もともと物流とAIの相性はいいですから、そういう学生を活用できるはずなのに、「データがないために動けない」というケースは意外に多いのです。私の教え子で数理学の観点からサプライチェーンの問題を解決する会社をつくった人がいます。発想は優れているのに、創業したてのベンチャーで信用力がない。そこでとある会社の担当者とつなげたところ、データをもらうことができました。そのデータを自前のシステムで解析したところ、その会社が長年抱えていた課題の一つがパッと解けたんです。本当に驚きました。

PROFILE

西成 活裕 (にしなり・かつひろ)

1967年東京都生まれ。東京大学卒業後、航空宇宙工学博士課程修了。専門は数理物理学、渋滞学。山形大学工学部、龍谷大学理工学部、ドイツのケルン大学理論物理学研究所客員教授を経て東京大学大学院工学系研究科教授に。現職。東京大学先端科学技術研究センター教授も兼任。主な著書に『渋滞学』『無駄学』『誤解学』『逆説の法則』(いずれも新潮新書)、『疑う力』(PHPビジネス新書) など多数。

——企業側も、先生や学生をどう活かすべきか悩んでいると思います。

西成 物流問題の解決に大学を活用しようと思っても、まず「物流学科」がほとんどないのが問題ですよね。物流を研究している先生の所属を見てみると、あちこちの学部に間借りしている方が大半で、私も所属は航空宇宙工学です。現状、物流はさまざまな学部の先生が、いろいろなアプローチをしている分野です。私は数学寄りですし、経営学部や経済学部の先生だともっと違う形になります。ですが「物流学科」として統括されていないために、本当に知ってほしい経営者に届かないケースが多々あります。物流は本質的に、経営戦略の根幹だと私は思っています。ロジスティクス戦略がなかったり、物流をただのコストセンターだと思っている会社は絶対に競争に勝てません。産官学をつなげること。それが今後の課題ですね。

——本日はありがとうございました。

Future
of
Physical
Distribution
Chapter1-2

Chapter 1-2 | Wakana Shuto

【物流業界の人材不足問題を解決するために】

物流関連二法など国の本気が
ドライバーの労働環境を変える

なぜ日本のトラックドライバーが不足しているのか。どうして賃金は安いままなのか。
多重構造になってしまった業界で、ドライバーの労働環境を改善するには何が必要か。
立教大学経済学部で労働経済学、労使関係論を教えている首藤若菜教授に
物流業界が抱えている問題点とその解決策、物流業界が進むべき未来について伺った。

Photo: Kazuhiro Shiraishi　Text: Daisuke Ando

首藤 若菜

立教大学 経済学部 教授
キャリアセンター部長

——**物流業界では人材不足が深刻な問題となっています。この原因はどこにあるとお考えでしょうか。**

首藤 主たる要因は労働環境の悪化だと考えています。特に長時間労働は大きな問題です。今の若い人たちは土日や深夜の勤務を嫌がる傾向がありますし、職場環境がどんなに整っていても「残業時間5時間。土日勤務あり」と言われれば、誰だって敬遠するでしょう。一方で、私たちの社会は一定の土日出勤や夜間勤務がなければ成立しないのも事実です。海外の人材に活躍してもらうという考え方もありますが、これも簡単な話ではありません。運送業界の人手不足は日本に限った話ではないからです。日本では少子化などにより、2030年までに3割の荷物が運べなくなるという試算がありますが、IRU（International Road Transport Union）の報告書によると、世界中でドライバーが不足するという調査結果が出ています。特に先進国はどこも深刻な人手不足に陥っており、これから熾烈な争奪戦が始まることは間違いありません。カギを握るのはやはり「賃金の上昇」と「労働環境の改善」の2つでしょう。仕事の内容に見合わず、今、相対的に低くなっているドライバーの給料を引き上げること。同時に、生産性の向上や職場環境の整備、長時間労働の是正をすること。そういった取り組みを続けながら働き手を増やす努力をしなければ、国内外を問わず人材を確保できず、本当に運ぶ人がいなくなる時代がすぐに来ると思います。

——**そもそも、なぜドライバーの賃金は安いのでしょうか。**

首藤 実は、高度経済成長期やバブル期において、トラックドライバーは儲かる仕事の一つでした。「ハードだけど短期間で大きく稼げる仕事」だったのです。それを大きく変えたのが、物流二法（貨物自動車運送事業法と貨物運送取扱事業法）と大規模規制緩和です。始まりは1990年に施行された物流二法で、当初はトラック業界の実状に法制度を合わせるにすぎず、「価格崩壊は起きない」と見られていました。しかしふたを開けてみると運賃はどんどん下落。事業者が増えて過度な価格競争が始まったのです。
　　実際、統計データを見てみると、バブル崩壊以後、日本の貨物総量が減

15

Future of Physical Distribution

少しているのに対し、運送事業者数は急速に伸びていることがわかります。運送業界は市場規模が拡大しなくなったにもかかわらず、供給過多に陥ってしまったわけです。

そこに拍車をかけたのが、2003年に小泉政権下で行われたさらなる緩和です。参入規制と運賃規制の緩和が主な目的で、ライトバンなども含めたトラック5台の事業者にも運送業許可が下りるようになりました。この規制緩和で生まれたのが小規模事業者です。これが運賃価格をさらに下落させていきます。例えば、お父さんと息子の軽トラックが1台ずつで運行する家族経営のような事業者です。営業許可にはトラック4台が必要なため、家族や親戚の車両などで賄います。さらにお母さんが経理をやって息子の奥さんが運行管理をやるといった具合です。ただし運び手はお父さんと息子の2人しかいませんし、稼働するトラックも実質2台です。日々の運輸だけで大忙しで新規顧客開拓や事業展開をする余裕はないため、どこかの下請けに入り、手数料を抜かれた運賃で仕事を請けるしかなくなります。下請けに入った以上、元請け会社が示す価格をのまざるをえません。利幅は小さくなっていき、当月の売り上げを確保することで手一杯となり、ますます価格交渉や事業展開が難しくなっていきます。大規模規制緩和の結果、日本の運送業界は、こうした小規模事業者が大半を占めるようになりました。日本経済が長いデフレで低迷したことに加え、供給過剰状態になったことから価格決定権は荷主側に移行したというわけです。

ドライバーの給与体系が抱えている問題点

——ドライバーの賃金を上げるためには、何が必要でしょうか。

首藤 本質的には、事業者数を減らすべきだと思います。実際、物流二法で行われた規制緩和に対して、運送業許可をトラック5台から10台に増やして事業者数を抑制するアイデアも出ています。多重下請け自体を規制するのも一つの手でしょう。アメリカでは二次請けを禁止しています。それによって過度な価格競争を抑制することに成功しています。もちろん個人事業主や小規模事業者のドライバーもいますが、業界全体としては運賃水準を確保できているのです。重要なのは供給過多の状態を段階的に解消することですが、実際のところ、今この瞬間、地方の物流を支えているのは家族経営の小規模事業者です。彼らに対して「会社をたたんでください」と退場を強いるのは現実的ではありません。地方を支える小規模企業の事業を維持しつつ、業務効率化や共同配送、事業統合などの道を模索する必要があります。

それとは別に、ドライバーの報酬体系も見直さなければなりません。現在、運送業界では確かに歩合制が普及しており、距離×荷物量で算出されるケースが多いです。歩合制は売り上げなどの成果に応じて賃金を支払う仕組みですが、前提として「労働者に一定の裁量が与えられている」必要があります。営業職ならトーク力やアイデアなど自由なやり方で顧客開拓をし

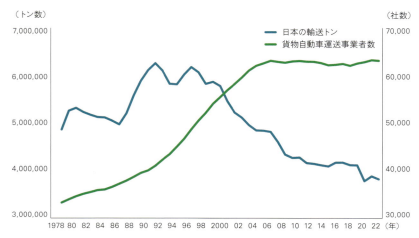

図表1 日本の輸送トン数と貨物自動車運送事業者数の推移

バブル崩壊以後、少子化の影響もあり日本の輸送トン数は減少を続けている。

出所：国土交通省「自動車輸送統計年報」各年版より編集部で作成

ても良いとか、タクシードライバーなら何時から何時までどこのルートを走るか自分で決めて良いといった感じです。ところがトラックドライバーは歩合制でありながら裁量が与えられていないケースがほとんどです。高速道路の使用区間もルートもすべて事前に決められており、いつどこで何分停車するかもデジタル運行記録計（通称デジタコ）で厳密に管理されます。自由に決められるのは出発時刻くらい。就業形態を見れば本来は固定費で支払われるべきで、業績のアップダウンへの対応は企業側が背負うべき努力ですが、実際には歩合制という言い方で労働者に転嫁されているのです。

ただし雇い主の運送会社のほうにも、そうせざるをえない事情があります。運送業には日々の荷物量が非常に変化しやすいという業界特性があります。仮に荷主との契約が「毎日工場から10トンの製品を運ぶ」だとしましょう。実際には、日々の荷物量は荷主側の都合などによって変動します。工場生産側の都合で8トンしか製造しない日もあれば、売れ行きが良くて急きょ12トンを運送しなければならない日もあります。しかし多くの場合、この増減2トン分のキャンセル料や追加運賃が支払われることはありません。明日の荷物量はどうなるかわからないが、車両やドライバーは確保しておかなければならない。これは運送会社にとって大きくのしかかるコストです。現状、この荷物量の変動という不確実性に対するバッファーは、運送会社が単独で担うのが業界の慣例になっています。

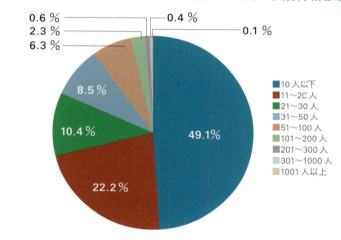

図表2 規模別、貨物自動車運送事業者の内訳

日本の貨物自動車運送事業者のうち、ほぼ半数が10人以下の小規模事業者だ。

出所：国土交通省「貨物自動車運送事業者数」より編集部で作成

運送会社としても到底背負いきれるものではなく、結局ドライバーの雇用を歩合制にしたり、下請けあるいは協力会社に安い値段で発注することで対応せざるをえないというわけです。

荷主や元請けが無意識に行う「合成の誤謬」

——その一方で、荷主が抱える課題や矛盾を引き受けるのは、運送会社にとって競争力の源泉になります。

首藤 おっしゃるとおりです。荷主からすれば「朝4時でも荷物を取りに行きますよ」「変動バッファーをすべて引き受けます」と言われれば心強いですし、継続して頼みたくなるでしょう。メーカーにとって運送費は安ければ安いほど合理的です。運送会社にとっ

ては、物を運ぶというサービス自体では差別化が難しいため、他の付加価値を提示する必要があります。そもそも資本主義の競争原理の中にあって、利用者が最安値のサービスを選ぼうとするのはごく自然なことですし、それに対して事業者側がより安いサービスを提供しようとするのも当たり前の話です。しかし過度な価格競争によって事業者が追い込まれていくのは、健全なあり方とは言えません。

経済合理性に従って運賃を買い叩いた結果、担い手がいなくなってついにはモノを運べなくなってしまった。こういう状態を経済学では「合成の誤謬」と呼んでいます。ミクロの視点ではおのおのが合理的な判断をしているのに、マクロの視点で見ると大きな問題が発生する状況を指します。この

Future of Physical Distribution

ようなマクロの不合理性を是正するためにはミクロの改善だけではダメで、マクロ的な施策が必要になってきます。今回の物流危機も同様で、現場での改善に加え、政府や業界団体の旗振りによる解決策が欠かせません。

——業界団体が主導して値上げ交渉をするのはどうでしょうか。

首藤 それは不当に価格を維持する「価格カルテル」となり、独占禁止法に抵触する可能性があります。しかし独占禁止法違反を恐れるあまり、過度な価格下落を許容すると、今度は事業継続のため労働基準法をないがしろにしがちです。独占禁止法も労働基準法もどちらも順守すべき日本の法律です。しかし現実には、どちらかというと「労働基準法は仕方ないよね」「労働基準法を守っていたら本当に会社が潰れてしまう」という風潮があるように感じていて、労使関係の研究者としては複雑な気持ちになります。

運賃問題の解決策の一つとしては「標準的な運賃」が考えられます。業界として最低限の運賃を設定し、それを下回らないようにするというものです。2018年にトラック業界でも運賃交渉の目安として国土交通省が「標準的な運賃」を示していますが、あくまで努力目標で強制力がないため、8年が経った今、現場の方に話を聞くと「あんなの理想上の運賃だよ」とか「実現不可能な運賃だね」といった声が少なくありません。むしろ現場では下限運賃」を設定してほしいという声も上がっています。結局、運賃問題は

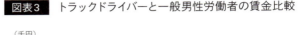

図表3　トラックドライバーと一般男性労働者の賃金比較

出所：厚生労働省「賃金構造基本統計調査」各年版より編集部で作成

荷主側の"努力"に期待せざるをえないのが実状です。

物流関連二法の施行で変わること

——もう一つの「労働環境の改善」についてはいかがでしょうか。

首藤 2024年に成立した物流関連二法の改正に一定の期待を寄せています。今回の法改正は、物流の効率化を進め持続可能性を高めるためのものですが、物流事業者のみならず荷主にも規制をかけて、それを実現させようとしている点は大きな変化だと思います。現在、ドライバーの拘束時間を長くしているのが荷待ちと荷役です。荷待ちとは、荷主や物流施設の都合でドライバーが待機させられること。荷役とは、トラックの荷台に荷物を上げ下げする作業のことです。荷待ちでは、工場に入るまでに2時間も3時間も待たされることもザラですし、中には「検品待ち」という荷待ちもあります。製品を100個納品したとき、着荷主が数量をチェックする間ずっと待たされるのです。しかも検品によって余剰や不足が発覚した場合、ドライバーが持ち帰ったり再輸送しなければなりません。

荷役についても、運送会社が過剰なサービスを強いられているケースが目立ちます。荷主に対して事前に「梱包用ラップを巻いてパレットに載せておいてください」とお願いをしても、いざ現場に行くと「忙しくてできなかった」

と言われ、逆に「倉庫に行って、このタグが付いている荷物を載せといて」などと、契約にない指示を出されます。ドライバーが倉庫に行くと無数の荷物が積まれており、1人でタグが付いている荷物を見極め、手作業でパレットに載せ、フォークリフトを使ってトラックに積み込みます。着荷主のところに着くと今度は「そのパレット、うちでは使えないよ」と言われ、パレットからパレットへの積み替えを再び1人で手作業で行うのです。本来、荷待ちも余剰品の持ち帰りもパレット載せ替え作業もすべて発荷主や着荷主が行うべき仕事ですが、ドライバーの「サービス」で行われるのが当たり前の時代もあったのです。

しかし今後、こうした過剰なサービスは、労働時間規制の強化と人手不足で次第に難しくなるでしょう。国土交通省は悪質な荷主・元請事業者に対して是正指導を行う「トラックGメン」を新たに設置しましたし、公正取引委員会が社名公表に動くケースも出てきています。特に価格転嫁については、これまで見過ごしていたような小さな事例も厳しく取り締まるなど「政府の本気」を感じます。

荷主に責務を押し付けず健全で対等な関係構築を

――かなり期待できそうですね。

首藤 はい。ただ、荷主が運賃をなかなか上げてこなかったことや運送会社にバッファーを負担させてきたことなどの背景には、私たち消費者の存在も関係しています。物流コストは安ければ安いほどいいと考えているのは、私たち消費者も同じではないでしょうか。「送料無料」で荷物を受け取ることを当たり前だと感じている人は少なくないと思います。ギリギリまで注文を受け付けてほしい、オーダーしたものはすぐに届けてほしい、といったニーズに応えるために、ドライバーは産地を出発する時間が遅くなり、休憩を取らずに運送することになります。できるだけ安価な輸送を実現させるために、高速道路を利用せずに下道を走り、長時間労働が引き起こされます。にもかかわらず、私たち消費者は、商品の対価さえ支払えば、その責任から逃れられると考えています。自分もまた、間接的にそうした労働を強いていることに気づくべきです。消費者の行為と労働者の働き方は、深く関係しています。そのつながりを認識し、働く者の負担を知り、そのコストを分かち合うことが、過酷な労働を改善させる一歩になるはずです。

重要なのは、物流に携わる人が安心して働ける環境を整えること。物流の仕事は公道が職場です。もし過労や睡眠不足などで万が一のことが起きたとき、歩道を歩いている人を巻き込むなど大変な事故になる可能性があります。交通安全の視点から見ても、健康に働ける環境の確保がより一層大事なのです。「2024年問題」をきっかけに、消費者の意識は少しずつ変わってきましたし、ドライバーの労働環境を改善すべく圧力が働くようになりました。もし今回のように社会から注目されなければ、いつまでも良くない状況が続いていたかもしれません。そういう意味でも、これをきっかけに、持続可能な物流とは何かを社会全体で考えていけるようになれば良いなと思っています。

――本日はありがとうございました。

PROFILE

首藤 若菜（しゅとう・わかな）

1973年東京都生まれ。日本女子大学大学院人間生活学研究科博士課程単位取得退学。山形大学人文学部助教授、ロンドン・スクール・オブ・エコノミクス労使関係学部客員研究員、日本女子大学家政学部准教授を経て、立教大学経済学部教授に。現職。専攻は労使関係論、女性労働論。国土交通省「持続可能な物流の実現に向けた検討会」委員なども務める。主な著書に『物流危機は終わらない――暮らしを支える労働のゆくえ』（岩波新書）など多数。

Future *of* Physical Distribution
Chapter 1-3

陸・海・空の物流ターミナル

【物流の歴史をひもとく】

江戸時代の飛脚から始まる歴史に現代の物流を考えるヒントがある

現在、日本の物流業界は人手不足や過重労働、ラストワンマイル問題などさまざまな問題を抱えている。
歴史を振り返ると、過去においても物流はつねに時代に応じたさまざまな困難に直面していたという。
機械やIoT、AIなどの技術がない時代、人々はこの問題をどのように解決したのか。
物流博物館の主任学芸員を務める玉井幹司さんに、日本の物流史をひもといていただいた。

Photo: Kazuhiro Shiraishi　Text: Daisuke Ando

玉井 幹司

物流博物館 主任学芸員

——**歴史上での「物流」の位置づけについて教えてください。**

玉井　歴史学では物流史はまだ歴史の浅い分野です。そもそも一口に物流と言っても「物をA地点からB地点へと移動」させる物資流動と「生産者から消費者に届けるまでの物理的な流通過程」の合理化を目指す物的流通の2つがあり、両方とも物流と略すことができます。どちらの意味で使うかによって歴史へのアプローチの仕方も変わってきます。物資流動、もっと単純に「モノを運ぶ」という観点から見れば、かなり古い時代までさかのぼります。人類史に限らなければ、それこそ億年単位。鳥や動物、昆虫がモノを運ぶ様子を見ると、生命体が生命を維持するために欠かせない営み

の一つが、"運ぶ"という行為と言えるでしょう。一方、物的流通の観点から歴史を見ることもできると思います。

江戸時代以降の日本の輸送、特に陸上輸送の歴史を長いスパンで見ると、自由化と統合の歴史と捉えることができると思います。

統一政権ができた江戸時代には全国的な商業流通網が整備され、物資の輸送は海上や河川輸送を中心に行われますが、陸上輸送も整備が進みました。

東海道・中山道・甲州道中・日光道中・奥州道中の五街道が設けられ、それら以外の街道も整備されていきます。街道の宿場にはつねに人馬が待機して、荷物を宿場ごとのリレー方式で確実に運べるようになりました。

この制度は基本的には幕府の役人や武士などの特権的な利用が前提でしたが、一般の商人なども正規料金を払えば宿場の人馬を利用できました。

そこで運び手として活躍したのが飛脚です。飛脚というと「半裸で手紙を運ぶ人」というイメージがあるでしょう。もちろんそういう運び手も多くいました。しかし大手の飛脚問屋ではこの宿場の馬を使って輸送したのです。扱う物も手紙だけでなく高額の貨幣や商品荷物なども運んだほか、彼らは荷為替も扱い、金融業も行っていました。当初は大坂・京都・江戸が中心でしたが、18世紀後半になると日本全国の主要な町には飛脚が往来するようになります。18世紀後半の江戸には大手の飛脚問屋が多い時

Future of Physical Distribution

で9軒ほど、小規模の飛脚屋はおそらく二百数十軒はあり、現在の郵便や宅配便、バイク便といった役割を果たしていたのです。

さまざまな記録から、大手の飛脚問屋は一定の仲間規制の下で熾烈なサービス争いをしていたことがわかっています。面白いのは協力すべきところは協力していたこと。例えば速達。速達便で争うと、不毛な価格競争やスピード競争を招きますし、経費もかかります。そこで速達便については共同輸送することになりました。現在、物流問題を解決する手段として共同輸送の話をよく聞きますが、江戸時代でも同様のことが行われていたわけです。

──江戸時代も共同配送が行われていたというのは興味深いですね。

玉井 そうなんです。でも、飛脚問屋は基本的には競争していました。ところが、明治期になると、日本の内陸輸送網は中央集権の新政府の下で一時的に統合されていきます。江戸時代の人馬を徴発するような封建的な輸送システムは限界を迎えており、資本主義の新しい時代にはそぐわないもので、明治新政府は新時代の輸送制度の創出に苦心します。結局、この問題は「民間委託」によって解決することになりました。委託先として目をつけたのが江戸時代の飛脚だったのです。明治政府は、全国に広がる自生的なネットワークを持つ飛脚業者を促して株式会社として組織化させ、殖産興業政策の下、この会社、つまり内

国通運会社に独占的な特権を与えます。現在の Nippon Express ホールディングス株式会社の前身の会社です。同社は1872年の創業からおよそ3年で、荷車、牛馬背などで継ぎ立てていく全国的な輸送網を一通り完成させました。その後、1879年に独占は解かれ自由競争の時代となりますが、江戸時代の輸送ネットワークがなければ、短期間での輸送網の再編・形成は難しかったでしょう。

しかし、やがて鉄道の時代が到来すると、このネットワークは崩れてしまい、駅前には鉄道貨物を取り扱う運送店が進出していきます。重要なのは1906年以降、私鉄の買収により幹線鉄道がすべて国有化されたことです。ラインホールは国営、ラストワンマイルは民営という仕組みができたのです。

大正期になると、第一次世界大戦が勃発して国内の景気が沸き立ちます。また、重化学工業化が進み製造業の生産量も増大し、鉄道網の整備も全国規模に及びました。それに伴い、運送業者も爆発的に増加します。駅前には鉄道貨物を集配する運送店が何軒も店を構え、不況期になると過当競争を繰り広げました。また、当時の運送店の仕事は労働集約的だったことから人件費がかさみ、物流コストを引き上げていました。鉄道運賃に比べ、駅から先の輸送はどうしても高額になってしまいます。当時は米騒動などもあり、政府は物価問題に敏感になっていました。そのため政府は大手業者の要望を踏まえ、昭和期にかけて再び統合政策に舵を切り

ます。運送業者の合同を進めることで、輸送の合理化を図りコストを下げようというわけです。日中戦争が始まると統制経済の時代となり、さらに一本化が進みました。当時の官僚は「日本国内に運送業者は1社でよい」とすら考えていたようです。

こうした中で1937年に設立されたのが半官半民の日本通運株式会社です。合同した駅前運送店も同社に吸収され、国営のラインホールに加え、ラストワンマイルもほとんどが半国営となったのです。当時はこの方法が合理的とみなされたのですが、実際には多くの問題を抱えていました。

戦後、この体制は解消され、適正な自由競争を重視する時代となります。やがて1990年には輸送業界でも規制緩和がなされ、その結果、トラック事業者が増えて競争が激しくなり、このことが現在の「2024年問題」にもつながってきます。このように自由化と統合を繰り返し、今日ではまた統合の方向に向かっているように思われます。各時代の自由化と統合のあり方の中に、時代の特徴を見ることができると思います。

物流構造の変革は つねに社会の変革に伴う

──例えばどのようなものがあるでしょうか。

玉井 江戸時代に十組問屋というものがありました。これは輸送の問題からできた問屋仲間、つまり荷主側の連合体です。当時、大坂と江戸は

菱垣廻船という船でつながっていました。木綿や酒、醤油、菜種油などさまざまな商品を積み合わせて、賃積みで運んでいました。しかし、海難事故の処理は荷主に不利で、事故を装って荷を盗む不正も発生していました。そこで江戸の荷主たちが連合を組んで資金を出し合い、菱垣廻船を共同所有して自分たちの支配下に置くことにしました。灘などの酒造家も同様に連合を組んで樽廻船を支配下に置きました。荷主が積極的に流通構造に働きかけていく形は、ロジスティクス的な考え方の芽生えと言っていいでしょう。商業の発達が確実な物流構造を必要としたと言えます。

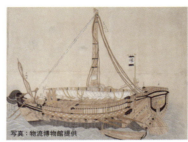

（左）大坂と江戸間を往来した菱垣廻船。18世紀前半には約200艘がグループを形成し、木綿や醤油・油・酒・酢・紙などの日用品を江戸へ運んでいた。（右）京都駅前を拠点に陸上輸送を担っていた鳥居運送の従業員たち。同社は近世から馬借「亀屋長左衛門」として活躍していた老舗。明治時代末期頃の写真。

物流のあり方や輸送構造が根本的に変わる時、その根底には社会や業界の大きな変化があります。その好例が高度経済成長期のトラック輸送です。戦後復興期、しばらくの間、日本の輸送は鉄道が中心でした。しかし高度経済成長期を迎えると、鉄道とトラックの輸送量（トンキロ）が逆転します。それがちょうど1966年です。よく、1970年代の鉄道ストのため荷主が鉄道輸送からトラック輸送に乗り換えたと言われています。しかし実際には、エネルギー革命で石炭輸送量が減少したことに加え、消費者の行動変化に伴って産業構造が変わったことが大きいと言います。経済発展に伴い価値観が多様化し、社会全体が多品種少量生産に変わったのです。

そうなるとダイヤに縛られる鉄道はフレキシビリティーに欠け、時間のロスが発生してしまう。一方、トラックは荷主の都合に合わせて動くことができ、少量の荷物でも柔軟に運ぶことができます。トラック輸送は、消費者行動の変化と企業側のニーズに適合的だったわけです。

流通についての捉え方も変わりました。フィジカル・ディストリビューションの考え方が広まったのもちょうどこの頃です。生産者から消費者に製品を届ける過程を「輸送」「保管」「荷役」「包装」などの機能として捉え、合理化を行う考え方です。物的流通と訳され、略して「物流」と言われるようになりました。

物的流通の概念自体は1956年、日本生産性本部の視察団がアメリカ合衆国から持ち帰ったと言われています。アメリカで物的流通的な考え方が登場してきたのは1920年代。フォードの自動車工場で流れ作業が始まり、大量生産の仕組みができた頃です。それまでは、物を動かす部分は行き当たりばったりだったのですが、大量生産により輸送現場が混乱し始めます。そこで、流通の物理的な部分をいかにマネジメントしていくかという考え方がマーケティングの世界で重視されるようになったわけです。

アメリカから帰国した視察団が報告書をまとめたのが、1958年でした。報告書を読むと当時はまだ「技術論」として理解していたことがわかります。フォークリフトやパレットを使って作業を能率化すればいい。そのために機械を使えばいい、といった感じでした。しかし研究が進むと、輸送や荷役、保管、包装まで、トータルで考えなければならないということがわかり、高度経済成長期の経済界に「物的流通」という言葉が広まっていきます。通商産業省（現経済産業省）が「物的流通」を政策として取り上げるのが1964年。その後、低成長、円高の時代となり、1980年代後半以降、「ビジネス・ロジスティクス」という言葉が広がります。企業として利潤を上げるために、いかに流通のマネジメントを行っていくかという考え方です。

Future of Physical Distribution

物流従事者の社会的地位は歴史的に見ても高くなかった

——歴史を踏まえたうえで、日本の物流は今後どうあるべきでしょうか。

玉井 これからは少子高齢化で人口が減り、国土の利用の仕方も変わってきます。そもそも運ぶ人を確保できていけるかどうか。2024年問題に直面して議論が行われていますが、今のところ中心に据えられているのは「どうやってモノを運ぶか」です。しかし問題の本質は「働く人にやさしい物流の仕組みをつくる」ことのように思います。また、ソーシャル・ロジスティクスと言われるような考え方が必要になるのは間違いありません。

歴史を振り返ってみても、モノを運ぶ仕事はいつの時代もつねに、社会を成り立たせるために必要不可欠な仕事です。にもかかわらず、物流業界・運輸業界で働く人の社会的地位は高いとは言えない。むしろ軽視されてきた歴史があります。なぜ軽視されてきたのかは、こうだと断定するのは難しいですが、少なくともこれからの社会の中で物流を担うエッセンシャル・ワーカーや企業の物流部門を軽視すれば、社会は行き詰まり、企業も発展するチャンスを失うことになると思います。

かつて大正から昭和初期の時代、運送事業が乱立し顧客獲得競争が激化していたとき、運送事業者の荷主に対するサービスは過剰と言えるものでした。荷物を受け取りに行って荷造りの途中なら手伝い、積み込むのは当たり前。店先の掃除をしたり、場合によってはお風呂の焚き付けまでしたそうです。今の常識を当てはめれば大問題ですが、荷主さんもそのサービスにちゃんと応えていました。彼らのことを自分の店員のように考え、盆暮にはお仕着せで印半纏（しるしはんてん）を用意したりお酒を振る舞ったり、チップとしての「酒代」を弾んだりしました。そういう人間的なつながりがあったから成り立っていたわけです。運送の熟練労働者

昭和4年（1929）頃　平原直氏旧蔵写真

国際通運株式会社自動車部のトラック。当時のドライバーは優遇されており、初任給は80円ないしは65円だった（私立大学卒の初任給は55円）。

のほうもみんな誇りを持って仕事に取り組んでいましたから、現場で「これやっといて」と一言頼まれれば、すべてわきまえて、段取りから何から全部やってしまいます。昭和のある時期までは良くも悪くも、こういう働き方と受発注の関係が当たり前だったと聞いています。

江戸時代に起きた「勤勉革命」の光と影

——日本人の過剰サービスは昔から行われていたものなのですね。

玉井 過剰サービスだけでなく、当時は荷役作業なども大変な重労働で、1人でものすごい重さを担ぐことも当たり前に行われていました。米俵は1俵65kg程あったのですが、人によってはそれを2つ担いだといいます。そして1人で重い荷を汗まみれになって必死に、遅い足取りでヨチヨチ運び、運び終えると「ああ、疲れた」としばらく

PROFILE

玉井 幹司（たまい・かんじ）

1961年東京都生まれ。学習院大学文学部史学科卒業後、川口市文化財調査員、入間市博物館学芸員を経て、物流博物館主任学芸員。専門は日本近代史、物流史。主な著書に『図説 川の上の近代－通運丸と関東の川蒸気船交通史－』（共著・図録）、『飛脚問屋嶋屋佐右衛門日記の世界』（図録）、『「物流」のパイオニア 平原直の生涯と思想』（図録）、『物流今昔』など。

休息します。当時の荷物がそもそも重かったこともありますが、複数人で運んだり分けて運ぶより、1人で一気に運ぶほうが周囲からも一目置かれたわけです。これは荷馬車も同様で、当時の日本の荷馬車は西洋の荷馬車のように走らずに、ノロノロ進んでいました。道路事情もあったと思いますが、根本的な原因は荷馬車に過積載していたことだといいます。過重労働をしたがる、尊ぶ気風があったのです。

こうした日本社会の過重労働の風潮は、江戸時代の「勤勉革命」に端を発したという考え方があります。経済学者の速水融氏が出された面白い説ですが、江戸時代の日本では産業革命（Industrial Revolution）ではなく勤勉革命（Industrious Revolution）が起きていたというのです。

江戸時代の日本の多くの農民は家族経営の小農で、耕地の開発にも限界が生じていたため、家族単位での経営効率化に注力し、単位面積当たりの収穫量を増やすことが重視されました。イングランドのように資本投下して家畜を使い、大規模経営によって生産性を上げるのではなく、家畜の代わりに人手をかけて狭い土地で生産性向上を図るわけです。具体的には、夜なべをしてお金を稼ぎ、魚肥などの金肥を買って肥料をたくさん撒きます。肥料を多投すると雑草がいっぱい生えますから、早朝から草取りをしなければなりません。やがて朝から晩まで一生懸命、勤勉に働くことを尊ぶ倫理観が成立する。これが「勤勉革命」です。

この倫理観は江戸時代の商家の倫理にも影響を与えたと言われています。荷役労働で過重労働が尊ばれた背景にも、「勤勉革命」の影響があったといえるかもしれません。

物流の過重労働をなくすために技術を使ってほしい

——確かに、つい最近まで当たり前とされていた考え方ですね。

玉井 実はこれまで述べてきた荷役に関する話は、平原直氏（ひらはらすなお）という方が書いておられることです。平原氏は日本に初めてパレットを紹介された方で、荷役の近代化に多大な貢献をされました。物的流通論の紹介や啓蒙のほか、人材育成や中国・韓国などアジア諸国との物流交流にも尽力されました。平原氏は「荷役作業はあまりにも過酷だ。こういう過酷な労働のうえに成り立って得られた利潤は、正当な利潤ではない。こうした労働をなくすのが大事で、そのために機械化をしなければならない。しかし機械化がすなわち近代化ではなく、労働現場で人間的な価値観を実現するのが本当の近代化なんだ」という趣旨のことを書いておられます。

今、自動化やIoT、AIなどさまざまな技術発展が進んでいます。しかしこれを「人手不足の中でいかに物を効率的に動かすか」という視点だけで使おうとすると、大事なことを見落としてしまうかもしれません。機械とは、あくまでも「人間の幸福を追求するためにある」のです。せっかくの技術革新ですから、それは人を生かすために使わないともったいないと思います。そうしないと物流業界で働く人はますます減っていくでしょうし、そういう観点から考えていかないと、根本的な問題は解決しないと思います。

コロナ禍や2024年問題をきっかけに、今、物流業界に注目が集まっているのを肌で感じます。私が主任学芸員を務めている物流博物館は、日本通運株式会社の通運史料室を母体として、公益財団法人が管理運営している博物館です。日本の近世および近現代の交通・運輸関連の資料を集めて展示しているのですが、近年、若者と女性の来館者が目に見えて増えています。20代の女性がお一人で来られることも珍しくありません。

未来の物流はどうあるべきか。どんな社会を構築していくべきか。今こそ、そういったことを具体的にイメージしながら、選択をしていくことが重要かなと思っています。

——**本日はありがとうございました。**

写真：物流博物館提供
1960年頃撮影。宇都宮駅で米俵をトラックから貨車へ積み替えている様子。過酷な労働にもかかわらず、日本の作業員は誇りを持って仕事に従事してきた。

Chapter 2

物流革新の挑戦

日本全体が抱えている多種多様な課題に対して、
各企業は指をくわえて眺めているだけではない。
独自の工夫を凝らし、さまざまな解決策を模索・実践する企業も多い。
この章では、CLOの役割や新しい発想の物流施設、労働環境の改善、
自動運転トラックやドローン物流の技術、女性の活躍など
物流革新に挑む実例を幅広く取材。その挑戦と成果をご紹介する。

Future *of* Physical Distribution

Chapter 2-1

Chapter 2-1 | Minoru Iwasaki

【物流の商習慣を変えるCLOの役割とは】

商習慣として見過ごしてきた課題を
チームで知恵を絞りながら解決

2024年4月より年間の取扱貨物の重量が9万トンを超える荷主は「特定荷主」に指定され
社内にCLO（Chief Logistics Officer／最高ロジスティクス責任者）の選任が義務づけられるようになった。
窓やサッシなど住宅建材を扱うYKK AP株式会社は特定荷主として2024年よりCLOを設置。
初代CLOに就任した岩﨑稔さんに、同職の役割と今後の展望などについて伺った。

Photo: Kazuhiro Shiraishi　Text: Yusuke Higashi

岩﨑　稔

YKK AP株式会社
執行役員　CLO（最高ロジスティクス責任者）（兼）ロジスティクス部長

—— **2024年の物流法改正によって、特定荷主には物流担当役員「CLO」の設置が義務づけられることになりました。御社はいつから準備を？**

岩﨑　2023年からです。法整備が進む中、年間の取扱貨物の重量が9万トンを超える荷主にはCLOの設置が義務づけられることになりました。改正物流法の施行は2025年5月でCLOの設置義務化は2026年4月からですが、当社もその対象に入るのは間違いありませんから2024年4月から最高ロジスティクス責任者としてのCLOを設置しました。私が2019年にロジスティクスの責任者となり、執行役員になってから4年が経ちます。役員になる前後で何が変わったかといえば

経営に対して報告する義務の有無ですね。さまざまなKPI（重要業績評価指標）を見ながら経営陣に報告をする必要があります。

　しかし私が執行役員に就任するまでの6年間、物流担当役員がいない期間がありました。前役員が就任したのはロジスティクス部が確立されたのと同時期の2008年。その頃会社は2年連続の赤字で、厳しい経営状況に置かれていました。その中で当時の社長だった吉田忠裕が構造改革を断行、7つのテーマを掲げたうちの一つがロジスティクス改革だったのです。担当役員がつき、ロジスティクス部を創設。社内からメンバーが集められました。当時の改革は、第1にコストダウンを

図るものでした。最初の4年で約46億円のコストダウンができましたから、それまでの物流に対するコスト意識が低かったことがわかります。ただ、その後組織体制が見直され「生産本部」という大きな組織に組み込まれることになり、やがて前役員が定年退職すると後を任せられる適切な人材がおらず、空席のままになっていました。

　当時、物流に関わる人材を育てることに意識的な日本メーカーは少なかったと思います。言葉を選ばずにいえば、3PL（サード・パーティ・ロジスティクス）にすべて丸投げすればそれで良いという意識がありました。しかし、それではいけない、自分たちでイニシアチブをとろうとし始めたのが当社の場合は

Future of Physical Distribution

2008年だったわけです。それまで手つかずだった分やればやるほど成果は上がりましたが、同時に苦しかったですね。何をするにも社内から反対されて、「どうしてそんなことが必要なんだ」という声ばかり耳にしました。

──今の「2024年問題」につながるような危機感はあったのでしょうか？

岩﨑 ありました。実際、2016年前後から物流体制の見直しを図り「ユニットロード」を拡充していきました。当社が生産する窓やドアは、形や重さや荷姿がバラバラな「運びづらい荷物」ですから、物流事業者に大きな負荷をかけてしまうという課題意識があったのです。そこで、荷物をパレットやコンテナなどのユニット単位で運ぶ「パレット化」を進めました。「Y-Caps（ワイキャプス）」という積付け最適化システムを開発したのもこの頃。Y-Capsのおかげで、必要なパレットの数や、どのように荷積みを組むのか、必要なトラックの台数等がビジュアル

で把握できるようになり、作業効率が向上しました。いずれも「このままでは荷物を運んでもらえない時代が来る」という危機感から、経営陣に強く訴えて実現したものです。

物流を充実させるために 生産部門の技術者を招集

──御社はいち早く物流改革に取り組んだ企業という印象があります。物流危機に関する知見は、どのように得ていたのでしょうか。

岩﨑 ロジスティクスの部門をつくったときに、私を含め3人が大学へ勉強をしにいきました。早稲田大学名誉教授の高橋輝男先生が毎月開催されていた「ネオロジスティクス共同研究会」のメンバーに入れていただいたのです。大手自動車メーカーの方とも懇意にしていました。自動車業界はTier1、Tier2、Tier3と完成車メーカーに部品を納めるメーカーが階層構造をつくっていますが、その中で物流

のあり方、荷姿のつくり方がしっかり研究されている。多くのことを教えてもらいました。

Y-Capsに取り組んだ後は、よく「なんでこんなところに目をつけたのか」と聞かれました。Y-Capsは構造計画研究所という会社と開発したものです。エアカーゴ（貨物輸送）は、重量バランスをとるのに機内にどの重量の荷物をどう置けばいいかを計算して配置している。その仕組みを応用したものですが、構造計画研究所さんにとっても「初めてのトライだった」そうです。パレットの設計から製品設計、梱包の仕様まで細部を練ってくれたのは、もともとものづくりのセクションにいた技術者たちです。これからは能動的にロジスティクスを考えないといけないと思い、生産技術部からメンバーを集めてきたのが大きかったですね。

ハード面だけでなく、ソフト面の取り組みもしています。例えば、納品先での検品をペーパーレス化するとか。RFIDも、一般的なパッシブタイプと、自分で発信するアクティブタイプの2タイプを社内インフラには導入しています。当社の拠点にアンテナをつけ、メインの納品先にもアンテナを置いてもらい、どのパレットがどのように動いているかリアルタイムで把握しています。

ただ、まだ課題もたくさんあって、当社としてノウハウやスキルが追いついていないですし、人員も足りていません。ストラテジーを考えるのが私の部門で26人、全国でオペレーションをしている人を入れると400人ほどになりますが、オペレーションをしていると目

図表1 特定荷主の指定基準

特定事業者名	指定基準値	指標の算定方法
特定荷主	取扱貨物の重量 9万トン以上 （上位3,200社程度）	● 特定第一種荷主（≒発荷主） 貨物自動車運送事業者又は貨物利用運送事業者に運送を行わせた貨物の年度の合計の重量 ● 特定第二種荷主（≒着荷主） 次に掲げる貨物の年度の合計の重量 ①自らの事業に関して、運転者から受け取る貨物 ②自らの事業に関して、他の者をして運転者から受け取らせる貨物 ③自らの事業に関して、運転者に引き渡す貨物 ④自らの事業に関して、他の者をして運転者に引き渡させる貨物

出所：経済産業省ホームページより（2024年12月時点）

の前の作業に忙殺されるため、先々のことを考えるのは簡単ではありません。ストラテジーを考える人間をここ数年増やしてはいるのですが、まだ追いついていないのが実際のところです。今、私の部門に集まっているメンバーは生産、IT、品質管理、経営管理、物流現場のマネジメントと、バックグラウンドは多彩で、非常に優秀な人材がそろっていますが、あえて高い要求をすれば、どんどん販売先に行って話をしてほしいですね。ものづくりの会社だと、頭の中ではすごいことを考えているけれど引っ込み思案で外に出るのは苦手だという人間も多いので。

協力会社との密な
コミュニケーションが大切

——「荷物を運んでもらえない」という未来を感じることはありますか。

岩﨑 強い危機意識を持っています。今もほぼ毎日のように、全国の運送業者さんと会い、お互いに考えていることを話し合っています。物流の多重下請け構造の下で、これまでお会いすることがなかった方々、直接の発注先でない方々のお考えも聞かなければいけません。

　2024年から「トラックGメン」が発足しました。悪質な荷主・元請事業者等の是正指導を行う機関です。ウェブ上に荷主・元請事業者の違反行為を投稿できる窓口もあります。二次請け・三次請けの方々からの情報もそこに寄せられている。当社からすると、一次請けに発注し、年に一度は諸条

| 図表2 | YKKグループの7つの行動指針 |

1　コンプライアンス
私たちは、常に法令および社内規則の遵守と、社会的要請への対応を念頭に置き、職務を遂行します。

2　公正な事業慣行
私たちは、社会と公正かつ健全な関係を保ち、ともに繁栄していくために、信頼に基づいた関係を築きます。

3　人権の尊重
私たちは、グローバルに事業を展開する企業として、事業活動に関わる人々、地域・社会の人々の人権・人格・個性を尊重します。

4　環境との調和
私たちは、環境との調和を図り、社会に貢献します。

5　安全衛生
私たちは、全員参加で働きやすい職場環境を形成します。

6　商品の品質及び安全性
私たちは、お客様との「信頼」を大切にし、品質への「こだわり」をもって安全・安心な商品・サービスを提供します。

7　コミュニティへの貢献
私たちは、地域社会とともに成長し、いつの時代も愛される企業でありつづけるために、事業活動を通じた国際社会への貢献活動にも積極的に取り組みます。

2008年に行われた構造改革の7つのテーマは、のちに「YKKグループ行動指針」となった。2021年度に改定され、現在も全社員が実践している。

出所：YKK AP ホームページより抜粋

件についても交渉して「合意を得ている」という認識でいます。従来、その先にいる二次請け・三次請けの声は、こちらから能動的に聞きにいかない限りは、わからなかったわけですが、トラックGメンの窓口に「YKK APの商品を運んでいるが、運賃を上げてくれない、高速料金を払ってもらえない」といった投稿が寄せられるかもしれま

せん。それを「知らなかった」というわけにはいかないのです。

　これまでの物流の商習慣で当たり前とされてきたことも、きちんと見直して改善しないといけません。着荷主側の意見があまりに強すぎるのも問題です。例えば、届け先で荷物を降ろす、整理する、配置するといった作業は本来着荷主側の仕事ですが、残念

Future of Physical Distribution

ながらこれをドライバーにやらせようとする荷主は、まだ存在します。着荷主からの要求は断りにくいですから、ドライバーはそれをのまざるをえない。これが物流業界の一番悪いところだと思います。国土交通省は「物流の上流側から変わってほしい」といいますが、上流だけ変えても限度があるでしょう。私が直接、着荷主側とお話をする機会もありますが、まだ「パレットで持っていくので、こういう納品の仕方をさせてください」程度の話が精いっぱいです。しかしこれからは、着荷主の要求されている条件のうち、なくせるものはなくさなければいけないし、あるいはサービスメニューとしてお金をいただかないといけない。コストの問題が「商習慣」という言葉にくくられているうちは、部分最適の対応で終わってしまいますから。

CLOに求められる能力とキャリアパスとは？

―― CLOという立場になったことで、何か変化はありましたか。

岩﨑 周りから「そう見てもらえる」という側面はあると思います。2026年に向けて3000社程度にCLOが設置されるといわれていますが、CLOが増えれば他企業・業界でも同じ目線で語れることも増えるはずで、会社の壁を越える話もしやすくなると予想しています。自社だけでは自社の利益を守れないことは皆が承知している。すでに他社のCLOもしくはCLO相当の方と交流する機会を持っています。

―― CLO就任以降、社内にはどんなメッセージを発信していますか。

岩﨑 「ガバナンスを高めなければならない」ということです。物流事業者あるいは販売先との契約体系、あるいは一つひとつの交渉の仕方をしっかり詰めていく。先ほども触れましたが、これまで「商習慣」という言葉で片付けていた課題を整理するのが自分の務めなのだと話しました。改正物流法の話にしても、これから何が起きるのか、われわれはどうしないといけないのかを弊社内の全国の営業に説明して「一緒に考えよう」と。結局のところ、販売部門の責任者、一人ひとりのセールスが、これからの物流について理解しないと「これいくらです」と商材を売りにもいけないですから、物流人材の育成については、今後の課題でもあります。そもそも日本の学問の世界にも「物流学」という学問がないですし、教育体系も整っていません。これも問題だと思います。各大学で物流を研究されている先生は存じ上げていますが、皆さん「体系的なものはない」とおっしゃいます。ここは日本全体で解決していかなければなりません。

現状、当社ではJAVADA（中央職業能力開発協会）の「ロジスティクス管理」などの資格を取得するよう全国の物流担当者に働きかけています。4～5年前に社内の教育体系に組み込んで資格取得に補助金を出してもらうようにもしました。日頃実務でやっていることなので難しい内容はないのですが、「自信とプライドをもって仕事に取り組んでほしい」という期待を込めて、資格取得を勧めています。

あとはやっぱりコスト問題ですね。

PROFILE

岩﨑 稔（いわさき・みのる）

1965年北海道生まれ。1984年、YKK北海道工業に入社。樹脂サッシラインに配属。2004年YKK AP供給統括部供給企画室長を経て、2008年ロジスティクスプロジェクト企画担当に。2019年YKK AP生産本部ロジスティクス部長、2020年執行役員に就任、2024年よりCLO（最高ロジスティクス責任者）を兼務。現職。日本マテリアル・ハンドリング協会常務理事も務める。

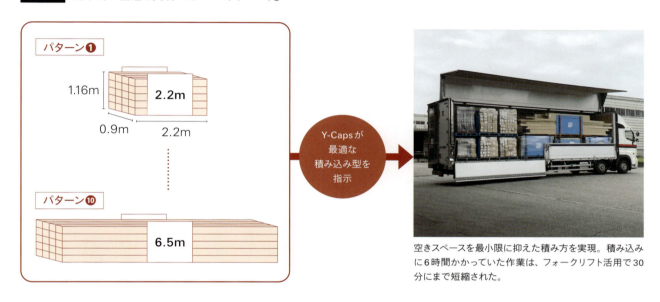

図表3 効率的な輸送を実現した「ユニットロード」

空きスペースを最小限に抑えた積み方を実現。積み込みに6時間かかっていた作業は、フォークリフト活用で30分にまで短縮された。

YKK APが扱う窓やサッシはサイズも重量もバラバラで、物流難度が高い商品だ。そこで独自のパレットと、トラックへの最適な積み込み方を考えるシステム「Y-Caps」を開発し、積載効率を高めた。

国から運賃を上げるようにいわれていますが、そのまま鵜呑みにすると会社の経営は成り立ちません。どの業界のメーカーもそうだと思いますが、すでに相当なコストアップが生じているはずです。自助努力にも限度があり、半分もコストを吸収できないでしょう。サービス内容を見直し、受益者から対価をもらえる構造にしないといけない。2～3年はかかると思いますが、これが私の最後の仕事だと思っています。

——他社ではCLOを兼任するケースも多いですよね。

岩﨑 私自身は、CLOは本来、兼任ではいけないと思っています。私も今、ロジスティクス部長と兼務していますが、いずれ専任にしてもらおうと思っています。ロジスティクス部長という現場に近い役目を担うと、何か総合的な判断をするとき、無意識のうちに「身びいき」をしないとも限らないからです。生産や販売担当役員が物流を兼務するのも同様だと思います。他社のケースを見ていても、専任のほうが、販売部門や生産部門に気兼ねなく発言できるという点はあると思います。

——CLOに求められる能力やキャリアパスとはどんなものでしょうか。

岩﨑 物流プロパーであるべきだとは、まったく思っていません。私自身ももともとは製造現場にいて、生産管理とかモノを手配する仕事が長かったのです。近い仕事と言えなくもないですが、専門家でも何でもありませんでした。物流について知っているに越したことはないですが、それよりも例えば「データ活用を上手にできる」ことのほうが重要です。情報はたくさんありますが、肝心なのはそれを「物流を変える」ためにどう役立てるか。物流とは関係ないようなデータも「こんなことに使えそうだ」と気がつけるかどうか、です。それができる人がCLOを務めるべきだと思います。

——**本日はありがとうございました。**

Future
of
Physical Distribution
Chapter2-2

【地域に嫌われない、人が集う物流施設開発は可能か？】

不動産会社の立場から
物流会社の課題解決をサポート

日本の物流施設と言えば「3K」（きつい、きたない、きけん）職場の代表格だった。

そこに切り込み、まったく新しいタイプの大型物流施設に取り組むのが日本GLP株式会社だ。

物流不動産の投資・開発・運営会社として、なぜこのプロジェクトを始めたのか、

日本の物流の未来像も含めて、同社代表取締役の帖佐義之さんにお話を伺った。

Photo: Hirotaka Hashimoto　Text: Yusuke Higashi

帖佐 義之

日本GLP株式会社
代表取締役社長

——御社は今、新たな大型物流施設プロジェクトに着手しています。どのように、このジャンルにビジネスチャンスを見いだしたのでしょうか。

帖佐　日本GLPは不動産投資という立ち位置から物流業界に関わっています。当社が開発した物流施設に、物流会社やそれを利用する企業がテナントとして入居、われわれは家賃をいただいています。ですから物流会社は私たちにとってお客様であり、私たちは入居企業が必要としている施設、彼らが直面している課題について考えなければならない。そこで吸い上げたニーズを生かした物流施設をつくれば企業誘致が進みます。

　一方で、物流施設を開発するにあたっては、行政をはじめとする地域の方々とさまざまな協議をして開発許認可をとります。地域の皆さんと話して感じているのは物流施設に対する意識がほとんどないこと。仮にあっても「物流施設が来てもうれしくない」とネガティブに捉えられている。これは当初から感じていた課題です。その原因を究明し、改善策を考え続けてきたのが当社の歴史。そうした取り組みの集大成といえるのが、神奈川県相模原市や千葉県流山市で展開している先進的物流施設「ALFALINK（以下、アルファリンク）」です。

——物流会社が直面している課題というと、例えば？

帖佐　一つは物流コストに対する企業の厳しい目です。物流コストをいかに抑えるかばかりが議論され、物流業界は絶えず値下げ圧力にさらされています。そのため物流施設に対する投資が進まない。また物流が一般的に「裏方」とみなされていることも、労働環境の改善や設備投資が後れる要因です。結果として、労働者の給料も上がらず、人手は慢性的に不足しています。当社は不動産事業者として多くの床をつくり、多くの人に集まってもらってこそ成長する会社ですし、お客様である入居企業には元気でいてもらいたい。

　では、どんなお手伝いができるのか。具体的には、まず「雇用」です。

Future of Physical Distribution

「GLPの物流施設を使えば雇用の心配が減る」ならば、物流会社にとって大きな魅力になるだろうと考えました。また雇用を生み出すという意味では地域貢献にもなります。どうしたら雇用ができるかといえば、労働環境の改善です。当初はこれがなかなか理解されませんでした。「ただのコストセンターなのだから雨風しのげればそれでいい、1円でも賃料を安くしろ」というわけです。これでは誰も働きたいとは思いません。劣悪な環境ではミスが起きやすく事故につながりかねませんし、労働生産性を上げるためにも快適性は追求するべき。多少のコストをかけても、生産性の向上で取り返せるはずだと当社は説得し続けました。時間はかかりましたが私たちの考えは受け入れられ、物流施設のスペックは少しずつ上がっていきました。最初は「温かい食事がいつでも食べられる」ところから。これだけでも大きな進歩でした。従来は、冷え切った仕出し弁当をパイプ椅子で食べるような環境でしたから。

物流は「コスト」ではない 物流施設の付加価値を追求

—— 現場の課題やニーズは、どのように吸い上げたのですか。

帖佐 「生の声」だけです。われわれがこのビジネスを始めた頃は物流施設を扱う不動産会社がなかったものですから、有識者はおろか前例もなく手探りの状態でした。施設内の複雑なオペレーションなども入居企業と

アルファリンク相模原は総敷地面積約89,000坪、延床面積約204,000坪。4棟で構成される大型物流施設だ。

日々向き合う中で積み上げたものです。一つひとつの工夫は小さくても10年、15年と続ければ相当な蓄積に。物流業界に革命を起こすような斬新なアイデアが、いきなり浮かんだわけではありません。結局、地味な作業の繰り返しが一番の財産です。

物流は私たちの暮らしを支えている、極めて重要な業界です。一方、その価値がなかなか理解されず、感謝もされない不人気業界でもある。学生の人気就職先ランキングにも物流会社の名前は見当たりません。それでも社会的に大きな価値のある業界であることは揺るぎない事実。リスペクトされる業界にしたいですし、物流業界を志望する人も増やしたい。物流をコストとみなす意識も変えないといけません。事故の少なさやスピード感など、日本の物流レベルは群を抜いて世界一だと私は思っています。し

かし荷主の中にはその価値を無視して「1円でも安く」と言ってくるところもあります。物流会社までが「そういうものだ」「物流費の値上げなどもってのほかだ」と諦めているのも問題です。物流サービスの付加価値を認め、勇気を出して値上げに動きましょうという話もずっとしています。

私たち自身、家賃の値上げに動いたことがあります。リーマンショック直後のことですが、営業からは「周りはむしろ家賃を下げているのに、値上げなんてできっこない」と反対されました。しかし当社の物流施設の稼働率は99.9％を超えていました。むしろ上げないほうがおかしい。価値あるサービスに対して対価をもらうのは当たり前です。例えば「当社の床とA社、B社の床とを比べたら、立地やソフト・サービスなどの点でこんなメリットがある。だから稼働率99.9％なんで

す。その付加価値分を認めてください」と率直に話していきました。すると物流会社も「そのとおりだ。私たちも努力しているのに、誰も認めてくれない」と打ち明けられ、値上げに応じてくれました。悩みは皆同じなのです。その分、当社も物流会社それぞれの付加価値が世に知られるようサポートし、業界全体を盛り上げていくことを約束しました。「オープンハブ（物流をもっとオープンに）」など、アルファリンクにつながるアイデアが生まれたのも、そんなやりとりの中でのことでした。

アルファリンク相模原の中央にある共用施設棟「リング」は、クリエイティブディレクター佐藤可士和氏によるデザイン。

——施設の家賃を値上げした際に、物流会社が評価した付加価値とは？

帖佐 例えば生産性です。同じ1000坪の倉庫でも、倉庫のデザイン次第で物流業務の生産性は変わります。たとえ家賃が500円高くなっても、それをカバーできるほど生産性が向上するなら構わないという判断になる。また物流コストは商品価格の30％程度、その物流コストに占める賃料の割合はせいぜい15％、大体は一桁台です。人件費やトラック輸送費などその他の物流コストを下げる施策があれば、賃料が1〜2割上がっても吸収できます。そのために、例えば拠点の配置の工夫で横持ち移動を減らしたり、荷待ちの時間を短くしたり。物流テックの開発も進めました。荷物の積み降ろしをする「トラックバース」の予約システムを開発してトラックの滞留時間を減らしたのが一例です。

雇用問題の解決に取り組んだのも大きかったでしょう。物流にはつねに季節波動の課題があります。繁忙期に人を確保できたとしても、閑散期になると今度は人が余ってしまうのです。ただA社、B社、C社とあればそれぞれ波動が違うわけですから、うまくマッチングできたら、A社で余っている10人を人が足りていないB社に回せるかもしれない。人材派遣会社にこの話をすると興味をもってくれました。実行に移したのは2014年ごろ、場所

4棟の中心に共用部を設置し、レストランやコンビニ、カフェテリアを誘致した。隣接するマルチコートも含めて、すべて地域住民でも無料で利用できる。

Future of Physical Distribution

は神奈川県の厚木市です。半径約10キロ圏内に集中していた7〜8物件で1つのユニバースをつくり、動かし始めたのです。他にもフォークリフトなどのマテリアルハンドリング機器メーカーの営業所も誘致しました。トラブル時にはすぐにメンテナンスに駆けつけてくれますし、機材のシェアリングもできます。メーカーのみならず、さまざまな事業会社とのつながりは、当社ならでは付加価値だと思っています。

企業60社と地域が共生するアルファリンク相模原

――御社の取り組みを象徴する物流施設について教えてください。

帖佐 オープンハブをコンセプトとした取り組みとしては、やはり「アルファリンク相模原」がシンボリックだと思います。最初は物流会社や人材派遣会社をはじめとするさまざまなサービスプロバイダーを入居させるのみでしたが、今では60社以上の入居企業同士が課題を持ち寄りお互いのビジネスを助けあう、いわば「互助会」のような場になっている。これはおそらく従来の日本にはなかった世界観の施設です。われわれは施設の大家として、入居者同士の集まりやイベントを主催し、お互いが顔見知りになるよう促しています。夏には地域住民も参加しての交流イベント「サマーフェスタ」を開催、2000人以上が集まりました。

元来、物流施設は閉鎖された空間です。それこそ「自社が扱う荷物は絶対他社には見せてはいけない」という価値観もありました。荷主にしても発表前の新製品をライバル企業に見られるわけにはいかないですし、そもそもライバル企業の商品と自社商品が混ざるなど許さないというプライドもあったでしょう。しかし共同配送は1990年代の後半から少しずつ始まっています。なのに物流施設だけ閉鎖的なんてナンセンスだと訴え続けました。

特に自前で物流施設を持てる大きな会社には興味をもってもらえませんでした。逆に喜んでくれたのは中小の物流会社です。彼らは広い面積の倉庫に荷物をたくさん集めて売り上げを増やしたい、けれども彼らは荷主情報を集められない。しかし当社が介在することで「あそこの荷物が余っているから御社が引き受けては？」と言えます。これがすごく喜ばれて「GLPの倉庫に入ったら売り上げが数倍になった」という物流会社もあります。そうした中小の声が大きくなると、大手も話を聞きつけて「うちも実は困っている」と協力してくれるようになりました。

――地域に対してもオープンな場になっているとも聞きました。

帖佐 冒頭に申し上げたとおり、物流施設には「地域に喜んでもらえない」という課題があります。「雇用を生まないから」等の誤解もあるのですが、とにかく地域にとって何のメリット

定期的にスプリングフェスタやサマーフェスタを開催。英会話教室やスポーツ教室、地元住民を招いての防災訓練など、地域住民との交流も盛ん。

もない施設だと思われている。その根本的な原因を考えると、物流施設が「地域の人が立ち入れない場所」になっているからだと考えました。そこで、入居企業同士がつながるコミュニティーに地域の人にも参加してもらおう、というアイデアが生まれました。当社は東日本大震災が起きた直後、現地の物流施設を避難場所として地域に開放したことがあります。津波に襲われたエリアでしたが、従業員はランプウェイを駆け上がって津波を免れ、全員が無事でした。その後、災害時における地域の避難所として使ってもらおうと行政に働きかけると大変に喜ばれ、今では40の施設が地元自治体との災害協定を結んでいます。

同時に、日常的に利用できる施設にしたら喜ばれるのではないかと考えました。具体的には、防災訓練に使ってもらったり、物流の大切さや交通安全を伝えるために子どもたちの社会科見学を受け入れるようになりました。コンビニエンスストアやレストランを地域に開放していますし、フットサルやバスケができるマルチコートも人気です。こうした活動を通して出てきた副次効果も特筆すべきです。物流会社の人たちが家族や地域の人々に自分の職場や仕事を見てもらうことで、自身の仕事に誇りを持てるようになった。これは非常に大きなことですよ。

――帖佐さんもアイデア出しをしたり、地域に働きかけたりしている？

帖佐 日々やっていますよ。例えば「アルファリンク流山」の近隣には高校

PROFILE

帖佐 義之（ちょうさ・よしゆき）

1969年東京都生まれ。1992年慶應義塾大学法学部卒業後、三井不動産株式会社入社。オフィスリーシング、マンション・戸建開発に携わる。その後三井不動産投資顧問として資産運用・不動産投資業務を経験したのち、2003年アメリカの物流不動産会社プロロジスに入社。2009年GLプロパティーズ（現・日本GLP）の設立に参画、日本における物流施設事業の指揮をとる。2012年代表取締役社長に就任。現職。

があります。物流会社が雇いたい若者もいますから、ぜひ提携しましょうという話をしました。メディア露出も積極的に行っています。かつては「BtoBの業界なのだから」と一部の専門誌以外への露出には興味がありませんでした。しかし「地域」というキーワードで一般メディアに露出するようになってからの反響が大きいのです。地域の方々や行政にもリーチがしやすくなりました。そもそもBtoBで働いている人たちも家に帰ればC（Consumer）であり一般市民です。Cに訴求でき、なおかつSocialのSにも訴求できる仕事をしているとわかれば、従業員自身やその家族も誇らしく感じるでしょう。この仕事は社会の役に立っているんだ、お父さん、お母さんの仕事はすごく価値があるんだ、そういう意識が生まれたように思います。

――今後の展望は。

帖佐 アルファリンクに生まれたコミュニティーはすでに「自走」しています。当社はさまざまな企業を誘致してコミュニティーをつくり、課題解決のアイデアも提示しますが、基本的には特別なお膳立てをしなくとも、入居企業同士のつながりが広がり、新しい展開を見せ始めている。これは客観的に見ていて面白いですよ。

最近は似たような動きをする競合他社も出てきていますが、これは「うれしい」に尽きます。同じ取り組みが広がっているということはわれわれがやっていることに対する「信認」ですし、業界を盛り上げることにもつながります。どう差別化するかも、現時点ではあまり考えていないですね。「競合他社がこんなことをしているから、うちはこうしよう」という発想では、建設的な事業は生まれません。私たちが見るべきは競合ではなく、物流施設を利用しているお客様ですから。

――**本日はありがとうございました。**

Future of Physical Distribution
Chapter 2-3

【物流の悪しき習慣を正す挑戦】
環境改善や賃上げ交渉など 正しいことをコツコツと

千葉県四街道市に本社を置き、関東エリアの飲食店やスーパーマーケット、物流センターに
24時間体制で食料品を配送する株式会社日東物流。同社代表取締役の菅原拓也さんは、
2008年に従業員が起こした死亡事故をきっかけに、業界の"悪習"改善に取り組んでいる。
なぜ改革を決意したのか、どのように会社を変えていったのか。お話を伺った。

Photo: Kazuhiro Shiraishi　Text: Daisuke Ando

菅原 拓也

株式会社日東物流
代表取締役

——ドライバーの労働環境改善に取り組んだきっかけは何でしょうか。

菅原　2008年に当社のドライバーが起こした死亡事故がきっかけでした。居眠り運転で前方に停車中だった小型トラックに時速60kmで追突。小型トラックに乗っていた方は前方に停車していたダンプカーと当社のトラックに挟まれ、亡くなられました。追突したドライバーは比較的勤務時間の短い方でしたが、その後の調査によって、睡眠時間2～3時間でゲームやパチンコをするといった生活を繰り返していたことが判明しました。その結果の睡眠不足だったのです。死亡事故ということで監査が入り、さまざまな調査が行われました。結局、長時間労働や休日不足、運転者台帳の記入不

備などの指摘を受け、3日間の営業停止処分が下されました。

当時の私は大手物流会社でドライバーや営業を経験したあと、後継者候補の二代目として入社。そのわずか2ヵ月後のことでした。もちろん重大事故なので処分も仕方ありません。長時間労働や休日不足、記入不備も当社の過失です。でも当時のこの業界では珍しいことではありませんでした。私の短い業界経験でも、どこの会社でも比較的当たり前のようにやっていることに思えましたし、同業他社の方に話を聞いても同じような状況でした。繁忙期に入れば休みなく働くのは当然。インフルエンザにかかっても、捻挫などのケガをしても頑張って出てきて働いてもらう。その分、給料

を上乗せするからいいじゃないか。これは当社に限らず、業界全体の風潮だったと思います。

しかし死亡事故をきっかけに、当社だけでなく、業界全体のコンプライアンス（法令順守）意識の低さを実感しました。同時に「こんなやり方をしていては、また同じような事故が起きる。このままでは会社を維持していけない」と、私の中でそれまでの常識が覆りました。

——業界の常識に立ち向かうのは、大変なことではないでしょうか。

菅原　はい。どこから手をつけていいかわからない状態でした。特に当時は運送業が苦境に立たされていた時代です。かつて、トラックドライバー

Future of Physical Distribution

は短時間で大きく稼げる職種の一つでした。30年以上前なら、免許証があって睡眠時間を削れば年収1000万円だって夢じゃない。そんな高給取りでした。父やベテランドライバーに当時の話を聞くと、仕事終わりに100万円の札束をポケットに入れて一晩で使い切ったとか、豪気なエピソードがたくさん出てきます。しかし2003年ころから規制緩和によって事業者が増え、運賃がどんどん値下がりしていきました。今もそうですが、残業ありきで働かないと最低限の給料を稼げないところまで、運賃は下落していました。こうした価格崩壊は、過積載のような問題にもつながっていきます。少しでも稼ぐために、3トンまでしか積んではいけないトラックに5トンを積んで運ぶのは当たり前。もちろん明らかな道路交通法違反です。運賃節約のために荷主から過積載を求められることもザラでした。それでも事業を維持するのに精一杯で「法律なんか守っていたら会社が潰れる」と言う人もたくさんいました。まさにコンプライアンスとは真逆にある業界だったのです。

当時の私は26歳と若かったこともあり、正義感に燃えていました。まず、当時の社長であった父に「長時間労働を是正しないといけない」と訴えました。父の答えは「構わないけど、その代わりに誰が走るんだ。人を雇う? 会社の利益がなくなっちゃうぞ」でした。過積載の問題について指摘すると「そんなことはわかってる。でも荷主さんに言えるか。『他の会社は積んでるよ。なんで日東はできないの? で

きないなら別のところに頼むから帰っていいよ』と言われるのがオチだ。おまえは現実が見えていない。きれいごとと、実際の経営は違うんだ」と手ひどく叱られました。

従業員に「安全運転で」と言うたびに心が痛む

——そう言われてしまうと……。

菅原 何も反論できませんでした。他の役員やベテラン社員に相談しても、答えは同様でした。もちろん父も他の役員も本音の部分では、できることなら是正したいと考えていました。でも「業界のルールだから、仕方がない」だったのです。父や業界の慣習をすべて否定するつもりはありません。物流インフラの基礎をつくってくれたと、尊敬すらしています。でも、それ以上に、時代の変化に合わせて会社も変化が必要だと感じていました。当社はスーパーなどに鮮魚や野菜など食料品配送を手がけている会社ですから、業務は24時間体制です。ある時、明け方帰庫したドライバーさんに、朝10時に出庫してもらうことになりました。つまり、帰庫して数時間で次の業務にあたってもらうことになります。どう考えても2時間程度しか寝ていないのに、「今日も安全運転でお願いします」と伝え、見送るのです。自分自身「どの口が言っているんだ」と忸怩たる思いでした。

父とは毎日のようにぶつかりました。私は私で「最低限守らなければいけないことさえ守れない会社に存在意

義があるのか。自分が会社を継いだあとは、こんな経営は許容できない」と言い、父は父で「正論としては理解できるが現実は違う。おまえは代替案も出さず、きれいごとを振りかざすだけだ。何もわかっていない」と大げんかになりました。

「家では仕事の話はしない」と取り決めをしたこともありましたが、ふとしたことで居間でも口論が続き、最後のほうは目を合わせることもなくなりました。父はおそらく、私を辞めさせようと思っていたでしょう。私も父に退いてもらうか、あるいは私自身が出ていくか迷っていました。

労働環境改善の費用をコスト見直しで捻出

——どうされたのですか。

菅原 あるとき、ふと「できることから着手してみよう」と思ったのです。どこから始めるか迷いましたが、ひとまず健康診断を徹底しようと思いました。安全運転や事故防止には、ドライバーさんが健康でなければなりません。もちろん健康診断を受ければみんなが即座に健康になるわけではありません。それでも診断後に一人ひとりと面談をして、コレステロールや血圧が高いとどんなまずいことが起きるか、生活面の不安などはないかを話し合うことによって、健康管理の重要性を理解してもらい、状況を改善していく雰囲気をつくろうと思ったのです。

面談を行うと、追加で「脳MRI検査を受けるのを勧められた」「睡眠時

無呼吸症候群の精密検査を受けたほうがいいと言われた」という具体的な話が見えてきました。しかし、精密検査を受けてもらうには、当然多くの費用がかかります。社長に相談したところ「そんな余裕はない」と断られました。だったら、捻出すればいい。コスト状況を見直せば何とかなるかもしれないと考えました。そこで、高速道路の使用や走行距離など、すべての配送ルートの見直しを行ったところ、想定していた金額を捻出できることがわかりました。数字を見せながら父を説得したところ、「だったら」ということでOKを出してもらえました。これが最初の一歩でした。

その後もさまざまな改革に着手しましたが、実は何かを抜本的に変えたことはないんです。最初は業務効率化によって内部から費用を捻出することが多かったのですが、やがて役職が上がって専務になったあたりから荷主さんとじかに交渉できるようになり、そこから少しずつ荷主さんに運賃を上げてもらえるようになりました。運賃交渉で利益が出たら、その分だけ労働環境改善に役立つところに投資をする。そんなふうに10年くらいかけて、小さな改善をコツコツと積み重ねていった。そんな流れです。

運賃交渉に行った先で罵詈雑言を浴びせられる

——荷主さんとの価格交渉は、かなり骨が折れそうです。

菅原 確かに、つい最近までは運送会社が価格交渉をするのは難しい時代でした。値下げ要求をされたら黙ってのむのが当たり前。「ちょっと厳しいので、何とかなりませんか」とほのめかすことすらためらわれました。

専務になってすぐだったと思います。とある荷主さんに、1人で値上げ交渉に行ったことがありました。その荷主さんの仕事は、過積載や長時間労働などコンプライアンス上の問題があり、運行を許容できない状態であったため、その是正のお願いと適法に

図表1 日東物流の健康への取り組み

1 インフルエンザの予防接種無料
従業員だけでなく、13歳以上の家族全員無料で
ワクチンを接種できる。

2 脳MRI検査とSAS（睡眠時無呼吸）検査
年齢問わず、3年に1度無料で検査を受けることができる。
治療費は1万5,000円まで会社が負担する。

3 オプション検査の費用一部負担
健康診断後、ABC検査やPSA検査、その他のオプション検査が
必要になった場合、半額もしくは上限5,000円まで会社で負担。

4 禁煙キャンペーン
煙草を吸わない人（やめた人ももともと吸わない人でも）は、
報奨金1万円を支給。禁煙補助剤も1ヵ月分会社負担。

5 熱中症予防や感染症対策
暑い時期はWBGT（暑さ指数）を基に500mlのペットボトル飲料や
飴を配布。マスクも無料で提供している。

6 管理栄養士による面談
提携先のクリニックで必要と判定された従業員は、
管理栄養士の先生と半期に1回面談、アドバイスを受けられる。

Future of Physical Distribution

PROFILE

菅原 拓也（すがわら・たくや）

1981年千葉県生まれ。青山学院大学経営学部を卒業後、西濃運輸株式会社や国分ロジスティクス株式会社で配送や倉庫業務など物流現場を経験したのち、2008年株式会社日東物流に入社。2017年9月より代表取締役に。2021年千葉県の物流企業として初めて、経済産業省認定「健康経営優良法人（ブライト500）」に選出。自社の労働環境だけでなく、物流業界全体の改善を目指し、メディアでの情報発信にも日々注力している。

した場合の適正な料金への価格交渉でした。その荷主さんは父の代からの長い付き合いのある会社で、いつも「日東さんのおかげだよ」と温かく迎え入れてくださっていたのですが、運賃の話になった途端、「今まで一度もそんなことを言われたことがない。おまえみたいな若造が何をしにきたんだ」とさんざん罵詈雑言を浴びせられました。最後は「ウチの会社の床におまえの汚いカバンを置くんじゃない」と追い出されました。

その旨を父に報告すると「おまえが悪い。荷主さんに交渉なんか持ちかけるからだ」と一蹴され、後日、古株の部長が謝罪に行くことになりました。価格交渉は取り下げてお詫びをしたのですが、過積載の問題は捨て置けず、部長から改めて相談を持ちかけたところ、先方の反応はまったく同じ。部長も頭ごなしに怒鳴り散らされて帰ってきました。この業界はどちらかというと「義理と人情」の世界で、長い付き合いだから片方が苦しい時は助け合おうという精神だと思っていました。もちろんそういう荷主さんもたくさんいらっしゃいます。でも、そうでない会社もあったのです。「1円でも安いならどこでも良い」という荷主さんに付き合って利益を出すのは簡単ではありません。利益が出ないということは、従業員に還元できないし、コンプライアンスにも不安が残ります。そういう荷主さんとは縁を切って、少しでも利益が出る仕事にスライドしないと会社がダメになってしまう。父や役員・幹部と話し合い、そういった会社さんのお仕事は、お断りすることにしました。ただ、罵詈雑言を浴びせられたのは、あとにも先にもその1社だけで、他の会社さんとの価格交渉は比較的スムーズに進みました。

1年がかりで粘り強く交渉を続けた

——具体的には、どのように口説いていったのですか。

菅原 私の場合は、時間をかけてやります。正直なところ、毎回綱渡りですよ。ある大口の荷主さんとは1年ぐらいかけて交渉しました。値上げのご相談は文書にしてしまうと正式な要望となり当たりが強くなりますから、しばらくの間は口頭で希望を伝えていました。交渉経緯を忘れないよう、どなたとどういった内容のご相談をしたか、日付も含めた備忘録を作りながらの交渉でした。

その後なかなか進まないのでメールに切り替えたのですが、それでも進展せず、結局要望書として提出することにしました。1年弱かけて地ならしをしたつもりでしたが、それでもその荷主さんの会社内では「日東物流が急に文書で値上げ要求をしてきた」と大騒ぎになったそうです。付き合いのある別の役員の方から「こういう話になっているけど大丈夫？」と連絡をいただきました。備忘録を見ながら、これまで口頭やメールで何度も相談していたことなどを伝えると「日東のほうが筋が通っている」と、運賃の引き

上げに応じてくださいました。逆に「引き延ばして申し訳なかった」と謝罪していただいたくらいでした。

デリケートな交渉を行う際、こちらの要望をぶつけるだけではハレーションを起こすだけですから気を配っています。ただ、私たちも暴利を得たいわけではなく、人件費や燃料費などの事情を含めて適正な利益をのせたいだけです。適切に話をすれば、たいていの荷主さんは応じてくださいます。重要なのはやはりデータです。きちんと根拠を示して資料にすれば担当の方は上司に報告しやすいですし、上司の方も数字を見れば腹落ちしやすいですよね。

社員との約束事でもある8つの「ニットーイズム」

——フレキシブル対応と労働環境を両立できる秘訣は何でしょうか。

菅原 やはり管理職も含めて、みんなが率先してコスト削減などを考えてくれるからですね。なぜみんなが主体性を発揮してくれるかというと、頑張れば頑張った分だけ自分たちに還元されるという意識があるからだと思います。例えばボーナスも、当社ではなるべく出すようにしています。会社として利益が出ているなら社員に還元しなければ、と思っています。休暇についても同様で、私が入社した頃は週休1日が当たり前でしたが、ドライバーさんは勤務形態により異なりますが、内勤者は週休2日にしていますし、有給休暇制度も導入し、消化率

も高まっています。当初は「それは無理だ」という意見が大多数でした。それでもみんなで知恵を絞りながら工夫して、何とか休みを確保できています。私自身も含めて「正しい方向に進んでいるな」という実感が得られれば、会社全体が「もっと良くしよう、頑張ろう」という気になり、みんなが自走するようになります。

大切なのは「正しいこと」をすること。これに尽きると思います。たとえ相手が荷主さんでも、間違っていることは「正しくないですよ」と伝えます。それは会社としても、私自身としても、とても大事にしていることです。当社

には「ニットーイズム」という8つの行動指針があります。その中で一番最初に来るのが「正直者でいこう」。正しい方法を選択したら余計にお金がかかってしまう場合でも、利益よりもコストよりも「正しいか正しくないか」を大事にしようという意味です。これは私と従業員さんとの間の約束事みたいなものだと思っています。正しいことを続けることで社会に信頼してもらい、会社を守り続けるためのあらゆる責任を負う、それが社長としての、私の仕事だと思っています。

——本日はありがとうございました。

図表2 8つのニットーイズム

正直者でいこう	アタリマエを確実に	常に変化、常に進化	適当が、いい
"正しいか、正しくないか"それだけが判断基準。誠実に、正直に行動しよう。	特別なことなんて、いらない。当たり前のことを、確実にしよう。	時代が変われば、ルールも変わる。だから、私たちも変化しそして挑戦することで進化しよう。	"完璧"に時間を割くぐらいなら状況に適した行動を、素早くやろう。
見た目より中身	頭でも汗をかく	ナゼからはじめよう	健康こそすべて
カッコなんてつけなくて良い。真面目に、一生懸命に仕事に取り組もう。	人に聞くのではなく、まずは自分で考える。頭でも汗をかいて仕事をしよう。	すべての行動には目的がある。いつも自分に"ナゼ"を問いかけ意思をもって行動しよう。	健康であれば、自分も、人も、幸せにできる。自分も、人も、健康にしよう。

TORA Girl and YouTuber Kana

女性トラックドライバーがYouTuberをする理由

YouTubeで情報発信することで
物流業界に何か良い影響を与えたい

狭いスペースでも白い枠線からはみ出ることなく一回でピタリと停車させる。
146cmの小柄な身体ながら大型トラックを手足のように自在に操るのは
トラガール（女性トラックドライバー）兼YouTuberのかなさんだ。
ドライバーとして荷物を運ぶかたわらYouTubeでも精力的に活動。登録者数は22万人を超える。
なぜトラックドライバーという仕事を選んだのか、また、日々情報発信をする理由について伺った。

Photo:Hirotaka Hashimoto　Text: Yusuke Higashi

かな

トラガール 兼 YouTuber

——トラックドライバーになろうと思ったきっかけから教えてください。

かな　高校生の時、引っ越し屋さんのアルバイトと、掛け持ちで物流倉庫で仕分けのアルバイトをしていたんです。どちらでも大型トラックのドライバーさんと話す機会があって、憧れるようになりました。

　最初は、キャブに寝台がついているのに感動したんですよ。自分ひとりの部屋みたいで素敵だなって。引っ越しのバイトで助手席に乗せてもらったときも新鮮でした。視線が高くて「グワングワン」て縦に揺れて、遊園地のアトラクションみたいで（笑）。でも一番憧れたのは「自由度」ですね。私はしょうもない人間関係でゴタゴタするのが苦手なんです。トラックドライバーなら1人で仕事ができるし、音楽聞くのもコーヒー飲むのも自由。これなら労働時間が長くても許せる、人間関係で疲れるより自由でノンストレスでいられるほうがよっぽど健康的だと思いました。

——高校卒業後はいったん美容専門学校に進学されたんですね。

かな　当時は、中型免許を取得するのに「普通免許を取得してから2年以上」経過している必要がありました。高校卒業して2年待つのか、暇だなと思って、美容の専門学校に。「やりたい仕事」はトラックドライバー、でも自分の体格や性別から「できる仕事」を考えたら美容系かなと思ったんです。専門学校に通って美容の仕事がしたくなればそれでもいいし、「やっぱりトラックがいい」と思ったらドライバーになればいい。「ドライバーは人手不足だから、専門学校出てからでも遅くないだろう」という考えもちょっとありましたけど。でも結局「美容系は向いていないな」と思っちゃいました。ドロドロした女性の人間関係がストレスフルで。だから、みんなが美容サロンに就職するために面接の練習とかしている最中に運送会社のことを調べたり、教習所に通って中型免許を取ったりしてたんです。

専門学校を卒業後は、従業員15人ぐらいの小さい運送会社に入社しました。会社選びのポイントは、髪を染めてもいいとか、ピアスをつけていいとか、見た目の自由があること。もう一つ、小さい会社なこともポイントでした。少人数のほうが先輩の目が行き届いていろいろ教えてもらえるかなと。入社後は、自分がかっこいいと思う作業着、髪型、髪の色で仕事してました。セクハラとか嫌なこともあったんです。女性の先輩ドライバーがいなかったので、誰にも相談できず悩んだことも。でも、憧れていたドライバーの仕事は、やっぱり自由で楽しい仕事でした。やめようとは思わなかったですね。予定の時間より早く荷物を降ろせたら、その分自由な時間ができる。「今日はあのお店でラーメン食べたいから、早く終わらそう」みたいな小さなモチベーションをたくさんつくっていました。

——「美容の仕事はやめてドライバーになる」ことについてご家族の反応は。

かな 両親は心配していましたけど「やめなさい」とは言われませんでした。昔から好き勝手やってたこともあって、「自由にやりなさい」と言ってくれています。

YouTubeに力を入れるためフリーを経て大手運送会社に転職

——当時からネット上の活動はしていたんですか。

かな 高校生のときからツイッター（現X）をしていて、就職してからトラックのことを書き始めました。「どこどこにいった」とか「洗車した」とか、内容は今と変わりません。フォロワーが増えたのは、ショート動画でマニュアル車を運転している自分の姿を投稿したときですね。それがバズって2000～3000人ぐらい一気にフォロワーが増えたら、アカウントが凍結されちゃったんです。それでアカウントを作り直して、完全に仕事のことだけ投稿するアカウントにしました。同時期にYouTubeも始めました。2020年4月からですね。女性トラックドライバーでYouTuberの「ばーしちゃんねる」さんがDMをくれて、「動画を撮る気があるんだったらYouTubeやってみな。稼げるよ。わかんないなら教えるよ」って誘ってくれたんです。それで始めました。1社目を辞めたのは、動画づくりが難しかったからです。「〇〇は映していいけど〇〇は駄目」みたいな制限が多かった。「動画をちゃんとやりたい」と思って、フリーランスのトラックドライバーになりました。

——フリーだった期間はどれぐらいですか。その後に、今勤務しているフジトランスポートに就職したんですよね。

かな フリーだったのは8カ月ぐらいです。その間に大型免許も取りました。1年ぐらい中型に乗っているうちに、大型に憧れたんです。信号待ちで大型トラックの横につくと見下ろされるぐらい視線の高さが違って、「いいな～」みたいな（笑）。でも私はフリーじゃ仕事がとれなくて稼げなかったんですよ。生活はきついですし、「九州に行きたいから九州の荷物が欲しいな」とか思ってもかなわないから、撮りたい動画も撮れなくなりました。自分の実力不足、経験不足だったと反省して、また就職しました。

フジトランスポートの社長には、直接声をかけてもらったんです。YouTubeの企画で展示会を撮影しにいったら、フジトランスポートのブースがあって。トラックYouTuberが何人か集まっていたのであいさつに行くと、そこに社長もいました。「うちにおいでよ」「YouTubeも自由にやっていいよ」と言ってくれました。

——フジトランスポートは全国に拠点を持つ大手です。1社目の小さな運送会社と大手で、何か違いはありますか。

かな 中小と大手の違い、あります。さっきも言ったように最初に中小を選んだのは「人数が少ないほうがしっかり見てくれるだろう」と期待したからですが、実際は大手のほうがよく見てくれました。研修で基礎をきっちり教わりますし、入社してすぐの合宿も1週間ありました。あと1社目では、1年でおじさんが3人ぐらい「飛ぶ」ことがありました。突然会社に来なくなって、電話しても「現在使用されていません」になっちゃうん

です。そういうことは大手では起きません。理由はちゃんとあります。中小の運送会社は、貨物事故や交通事故を起こしたときに補償してもらえる保険に入ってないんです。となるとドライバーが責任を負うことになって、給料から天引きされるんですね。だから逃げる。大手は保険に入っているのでドライバーに大きな負担が来ることはなく、ボーナスが1万〜2万円減るぐらいで済みます。プライバシーの意識も違いました。フジトランスポートでは社用携帯が配られるので個人の電話番号を使うことってまずないんです。でも1社目は社用携帯がなくて、自分の携帯番号を荷先の受付に書いていました。すると荷先で一瞬会っただけのおじさんから電話で「ご飯いかない？」と誘われる。誰から番号聞いたんですかって聞くと「伝票に書いてあった」。それが普通の世界なのかと思って、衝撃でした。

──女性には厳しい仕事だと感じる点もない？

かな ないですね。それは多分、年を取ったせいもあると思います。もう髪の色は黒でいいし、ピアスもつけなくていい。若い頃は「ギラギラのかっこいいフルメッキのトラックじゃないと嫌」とも思っていましたけど、今は普通のトラックがいいです。もちろん「運転中に長時間お手洗いにいけない」とか困ることもありますけど、それは男女関係ないですから。「やめたい」と思ったことは一度もありません。

「長時間労働で稼げない」ドライバーのイメージを変えるには

──現在「かなちゃんねる」のチャンネル登録者数は22万人を超える。多くの人に注目されるようになったことを、どう感じているのでしょう。

かな 昨日も、半日走るだけで4〜5人が手を振ってくれました。荷物を降ろした先に視聴者さんがいて、ジュースやエナジードリンクをいただいて「いつも見てます」と言っていただいたことも。一方で「トラックドライバーは自由」だったはずが自由でなくなった感もあります。例えば夜のパーキング。大型駐車枠が空いてな

「徹夜も多いですけど、運転席から見る朝焼けの風景が好きなんです。きれいな冬の空とか見ると『わぁ〜』ってなります」

い場合、規定どおりに休憩を取るには枠外に停めるしかありません。そうすると写真を撮られてネット上にさらされるんです。「影響力のあるYouTuberが、こんなことしていいのか」って。「誰かに見られている」ことを意識しながら仕事をするのは、ちょっと疲れるときもあります。

でも仕事は楽しいので。YouTubeを始めたのは「副業として稼げるから」というのもあったんですが、本業の最中に声をかけられるのも、「かなちゃんねるを見てドライバーになりました」とメッセージをもらえるのも、シンプルにうれしいです。ドライバーなら誰でも私と同じ活動ができるとは思いません。私にしかできないことがあって、好きな物流業界のためになるなら、どんどんやりたいです。若いドライバーを増やすのは、やりたいことの一つですね。

──若い人が物流の仕事を選んでくれない理由は何

だと思いますか。

かな　長時間労働のイメージだと思います。家に帰れない、事故のリスクも高い、前みたいに稼げる業界でもない、これだと魅力が全然ないですよね。そのイメージを少しでも変えられたらいいなと思っています。私がVlogで「ストレスなく楽しくやれる仕事だよ」と発信しているのも、そのためです。人間関係のいざこざがなくて、自分の自由に時間を使える。特に今、コミュニケーションが苦手な子が多いじゃないですか。そういう子はもう諦めて（笑）、ぜひトラックドライバーの世界にきてほしいです。

——長時間労働の原因として、よく「荷待ちと荷役の時間が長いから」と聞きます。「2024年問題」に対応する物流法の改正で改善されるという話もありますが。

かな　荷主さんの中には私たちの都合なんて関係ない人たちもいます。この間も暑いなかエンジンカットで1時間半待たされました。「物流法が改正されて運転時間の制限が厳しくなったので、荷物の準備ができてから呼んでください」とお願いしても「無理です、待機し

ていてください」と返ってくる。労働時間に関するルールを守る運送会社は、こういう荷主からの仕事を切らざるをえません。もちろん、この先を見据えて「荷待ち時間を削減しないと運んでくれる運送会社がなくなる」とわかってくれている会社や、「これからの時代を生き抜いていこう」と前向きな会社も多いです。でも、そういう会社ばかりではない。むしろ、風向きの変わり目だからこそ、話が通じる荷主とそうでない荷主が入り交じっていて、ドライバーとしては働きにくさを感じることもあります。

——これから業界はよくなっていくだろうという期待は。

かな　あります。例えば2024年問題への対応で、「休息時間は9時間以上」になったり、「高速道路の最高速度を時速80kmから90km」になったり、「4時間連続で走るなら30分以上休憩（430休憩）すること」になったりしています。ただ私は、改善するべきはそこじゃないと思っています。働いている身からすると「それをやって、どうなるの」と言いたくなることがいろいろあるんです。例えば430休憩したくても休憩できる場所がパーキングにないとか。また「休憩や休息の時間を増やしました」と言われても、トラックの中で休むぐらいなら私は早く家に帰りたい。最高速度が時速80kmから90kmに上がった、でもそれって埼玉から大阪までの所要時間に換算すると30分縮まるだけ。たった30分で「改善しました」と言われても、ぶっちゃけ「何それ」ですよ。でも、そういう不満が現場から出ることも、やってみて初めてわかることなので、前進はしていると思います。

新技術を「使えない」ドライバーも問題
業界を変えるため若者を増やす

——逆に、かなさんから見て「こうすればいいのに」というアイデアもありますか。

かな　例えば、高速道路の「0時待ち」ですね。今、深夜0時から4時までの間に高速道路を通行すると料金が30％割引になるんですが、経費削減のため「0時

「ずっと大型トラックに乗りたかった。10トントラックを運転できるようになって、やっと夢がかないました」

TORA Girl and YouTuber Kana

を超えてからでないと高速道路を降りられない」会社がたくさんあります。そのせいで0時になるまで料金所の手前やパーキングがトラックで渋滞するんです。一般車両にしたら大迷惑でしょう？ ドライバーだって早く降りたいんです。でも早く降りると会社に怒られる……なんて人もいます。割引の対象になる時間帯を広げるなりしてほしいです。あとパーキングの枠の使い方です。今は乗用車枠と大型枠で分かれているじゃないですか。でも平日はトラック枠があふれて乗用車枠がガラガラ。逆に週末は乗用車枠があふれてトラック枠はガラガラ。枠そのものを増やさなくてもいいから、週末と平日で枠の範囲を変えられないでしょうか。

PROFILE

かな（佳奈）

1998年埼玉県生まれ。トラガール兼YouTuber。チャンネル登録者数は約22万人で、動画再生数は多いときには150万回以上、少ないときでも10万回を超える。トラックドライバーとして働くかたわら、日々の業務内容や仕事の楽しさをSNSなどを通じて情報発信している。サービスエリアのグルメレポートなども人気コンテンツの一つ。X（旧ツイッター）やInstagramでも活動中。

——これからどんな活動をしていきたいですか。

かな せっかくたくさんの人にYouTubeを見てもらえているので、何か目に見える形で物流業界にいい影響を残せたらいいなと思っています。例えばそれが「ドライバーを増やす」ことです。なので「かなちゃんねるを見てドライバーになりました」と言われると本当に「やっててよかったな」と思います。でも同時にそういう人たちに物流業界のことを嫌いになってほしくないとも思うんです。私の動画を見て物流業界に期待して働き始めた人に「裏切られた」ような気持ちになってほしくない。私にできることをして、国の偉い人に現場の声を届けたいです。

今、現役でトラックドライバーをしているYouTuberは、私を含めて2〜3人だと思います。運送会社で事務や陸送をしながらYouTuberをしている人はいても、ガッツリ長距離を走っている人は少ない。特に女性は私しかいません。だから頑張りたいんですよね。ちょこちょこ女性のドライバーは出てくるんですが、結婚して子どもが生まれてやめる人もいますし、アンチに誹謗中傷されてメンタルにきてやめる子もいます。もうちょっと女性が増えてもいいのにな。

でもやっぱり、男女問わず「若者」を増やして業界全体を活気づかせたい気持ちがあります。あまりにも私と同世代が少ないですし、年下も全然いません。やっぱり身体を動かす仕事、健康でないとできない仕事なので、20代や30代の力が絶対に必要なんです。それから、物流業界を変えようとしている新しい技術を取り入れるためにも若い人がいないと。これはフジトランスポートの社長と出会った展示会を見て思ったことです。物流の未来は暗いと言われますが、「頑張っている大人たちがこんなにたくさんいるんだ、物流は進歩しているんだ」と前向きな気持ちになりました。でも、そのせっかくの技術を、変化を嫌がるドライバーが無駄にしている現状もあると思うんです。例えば荷待ちの時間を削減する予約システムがあるんですが、それも登録が面倒くさいからといってやらないし、「かなちゃん、やって」なんです。「このぐらい自分でやれなきゃ二度と受け付けできないよ！」というレベルの話なのに。スマホを持たないドライバーもいます。頭のいい人たちが、ドライバーが大変な思いをしなくていいようにいろいろな技術を考えてくれているんだから、それを使わないなんてもったいないです。その点、若い世代は新しい技術に抵抗感がないですし、それを使って効率よく仕事ができます。だから、業界を変えるには、若い人を集めないといけない。そのために発信を続けていきたいなと思っています。

——**本日はありがとうございました。**

Chapter 2-4 | Shigeki Morimoto

【自動運転トラックを普及させるには?】
AIや車両の技術開発だけでなく 物流拠点などインフラ開発も行う

レベル4の自動運転トラックを活用した幹線輸送サービスで、物流の人材不足を解決する。
その実現に向けて、三井物産や三菱地所、日本貨物鉄道、KDDIなど16社が手を組み発足させたのが株式会社T2だ。
2025年度の事業開始を目指して、さまざまな実証実験を重ねている。現在、どんな取り組みを行っているのか。
トラックの自動運転技術はどこまで進んでいるのか。代表取締役CEOの森本成城さんにお話を伺った。

Photo: Hirotaka Hashimoto　Text: Daisuke Ando

森本 成城

株式会社T2
代表取締役 CEO

——改めて御社の成り立ちから伺ってもよろしいでしょうか。

森本　もともとの始まりは2020年です。三井物産がPreferred Networks（以下、プリファードネットワークス）に出資し、両者の知見を掛け合わせて社会課題を解決すべくプロジェクトを立ち上げました。プリファードネットワークスは深層学習に強みを持つベンチャーで、産業用ロボットの開発や交通システム、医療などの分野で力を発揮しています。三井物産が持つビジネスの場と知見を組み合わせて、日本社会に対して何か貢献をする。それが当初からの目的です。さまざまなアイデアが出たのですが、「自動運転技術を使って物流課題を解決できないか」という案に固まりました。乗用車

と異なり、商用車の自動運転はまだ道半ばでしたが、乗用車での実証実験やシミュレーター上での検証を重ねた結果、トラックの制御が可能だというデータを十分に得ることができ、2022年8月にT2の設立に至りました。その後、三菱地所、三井住友海上火災保険、日本貨物鉄道（以下、JR貨物）、KDDI等の多くの株主に入っていただいたという流れです。

私が社長に就任したのは、2023年9月末です。それまでは三井物産のモビリティ部門でアジア・南米地域のリテールファイナンス事業室長を務めていました。会社からは「T2の社長をやってみないか」と打診されました。私のメイン領域は投資、経営、金融、工作機械業界といったところ。物流も

自動運転もまったくの未経験で、素人でした。ただ、社会課題を解決していくというT2の考え方を実現するためにマイルストーンを設定し、組織づくりや企業文化の醸成が主なミッションであるなら、これまでの経験を発揮できるかもしれないと考え、挑戦することにしたのです。

参加した当初は社員10人程度の小所帯でしたが毎月10人程度のペースで増やし、現在は115人ほど。社員の経歴はさまざまで、ヤマト運輸やAmazonなどの物流企業出身者も多いですし、ロボティクスメーカー出身者のほか自動車メーカーからはトヨタや日産、スズキ、日野、いすゞ、スバル、ホンダ、三菱ふそうなど。元総務省の方もいれば、トラックドライバーを経て

53

Future of Physical Distribution

物流センター長を経験された方もいます。私たちは既存の業界を大きく変えたり、Disruptorになりたいわけではありません。あくまで既存の業界の方々を「共に支えたい」と思っています。多様なバックグラウンドを持った超一流の人材がその思いに共感し、集まってできたのがまさに当社なのです。

レベル3まではクリア済み 「高度自動化」への挑戦

——実際、トラックの自動運転技術はどこまで進んでいるのでしょうか。

森本 現在はレベル4の「高度運転（**図表1**）自動化」の本格開発の段階に入っています。高速道路など限定領域での社会実装に向けて「車両開発技術」と「AI技術」の両面から開発を進めています。車両開発では、カメラやセンサーを装備した10トントラックの構築中であり、今後の量産体制も視野に入れています。車両に搭載するAI技術では安全な走行を実現するための制御技術を磨いているところです。自動運転は大きく「認識」「判断」「制御」という3つの段階で行われます。この3つをどう連携させるかが腕の見せどころになります。トラックの前後左右にカメラやセンサーを取り付けて周囲の情報を集め、自車の位置や状況を正確に「認識」します。同時に他走行車両を含む周辺環境を「判断」し、パワートレインやステアリング、ブレーキを「制御」して、より安定性と安全性の高い運転を実現するわけです。トラックの場合、乗用車と比

図表1 米SAEによる自動運転レベルの定義

レベル0 自動化なし	レベル1 運転支援	レベル2 部分運転自動化	レベル3 条件付き運転自動化	レベル4 高度運転自動化	レベル5 完全運転自動化
搭乗者がすべての運転を実行するが、自動緊急ブレーキや視覚警告、車線逸脱警告が行われる	基本的には搭乗者が運転するが、ステアリング補助、あるいは加速／減速サポートが行われる	基本的には搭乗者が運転するが、ステアリング補助と加速／減速サポートが行われる	搭乗者は運転をする必要がないが、システムから要求されたときは運転する必要がある	システムは限られた条件下で自動的に運転できる。原則として搭乗者は運転を行わなくてよい	システムはあらゆる条件下で自動的に運転を行う。座席にペダルやステアリングが不要になるレベル
運転サポート			自動運転		

出所：米SAEホームページより編集部で作成

ベアナログで制御されている部分がいまだ多くありますので、日々、みんなで知恵を絞っているところです。

——技術面以外ではどんな課題があるのでしょうか。

森本 私たちは、無人トラックはあくまでもツールの一つと捉えています。自動運転トラックをつくって終わりではなく、そのあとの運行システムや適切な管理・運用技術を含めた配送サービスを目指してやることが重要だと考えていて、当社の事業開発部門はその仕組みづくりに着手しています。

例えば、幹線輸送の自動化には"有人・無人の切り替え"の点が重要となります。東京—大阪間で自動運転トラックが走行できるようになったとしましょう。しかし実際に各地の倉庫や物流センターに荷物を届けるには、どこかで自動運転から有人運転に切り替えなければなりません。その切り替えはどこで行うのが良いのか。高速道路上で行うのか、それとも高速道路出入り口付近なのか。その場合、既存の物流センターを使うのか、新た

な拠点をつくるのか。高速道路の外に出るなら、降り口と拠点をつなぐ一般道は、誰がどのように走らせるのか。さらには、荷物の積み替え問題や共同配送に向けたシステムづくり、車庫、自動運転トラックの整備メンテナンスなどの問題もあります。台風や地震などの災害時、あるいはマシントラブルが起きたときにはどうするのか。路肩に停めるのか、近くのサービスエリアを使わせてもらうのかなど乗り越えないといけない課題は多くあります。

グランドデザインがないと 幹線輸送は実装できない

——今、挙げられた課題はどれも非常に難しい問題に思えます。

森本 理想は東京や大阪、名古屋の近郊、途中の主要なポイントで、高速道路に直結した拠点をつくること。有人／無人の切り替えや荷物の積み替えをすべて一カ所で行えますし、車庫への出入車やメンテナンス工場への移動などもすべて自動運転で行えるでしょう。ですが拠点をつくれば、そこ

に関わる人たちの人件費も必要となってきますし、そこを管理運営する会社も必要になってくるでしょう。そもそも「日本の高速道路の周辺にそんなに大きな敷地があるのか」という問題もあって、簡単ではありません。しかし、自動運行システム全体を描くグランドデザインがなければ、いつまで経っても幹線輸送の自動化は実現しません。自動運転の技術開発だけでも難しいのに、そこに運行システムや遠隔監視、拠点を含めた全体のパッケージ、さらに収益化を見越したビジネスモデルの構築も加わってきますから、KPI（重要業績評価指標）は非常に複雑で高度化しています。当社の事業開発部門には、まさにここに挑戦してもらっているところです。

——**具体的には、どのように解決していくのでしょうか。**

森本 大きな課題ですから、個社だけでは解決できません。さまざまな企業はもちろん、国や地方自治体も巻き込んだ動きが必要になってきます。ですが、当社の場合、設立時からさまざまな企業に株主に入っていただいています。それは極めて大きな強みです。設立当初の株主は三井物産とプリファードネットワークスの2社。そこに三菱地所が加わりその後三井住友海上、三井倉庫ロジスティクス、JR貨物、KDDIと、現在は16社まで増えています。皆さん、本当に「日本の物流を共に支える」という思想に共鳴してくださった方々ですから、単に出資するだけでなく、具体的なプロジェクトで協力関係を築けています。例えば、KDDIとNEXCO中日本とは未開通の区間で実証実験をしたり、JR貨物とは貨物列車にもトラックにも載せられるコンテナ開発などモーダルシフト／モーダルコンビネーションへの取り組みを行っています。さらに遠隔監視のところでは通信が非常に重要な要素になるのでKDDIと共同開発し、高速道路に直結した物流施設では三菱地所と、自動運転の保険のところでは三井住友海上、整備メンテナンスや有人／無人の切り替えの点では、日本全国のサービスエリアやパーキングエリアにガソリンスタンドを保有する宇佐美グループにご協力いただいています。各業界のトップランナーたちが集まった座組になっていて、業界の垣根を越えた協力によって多くの困難を乗り越えることができています。

透明性の高い情報開示をし株主と活発な議論を行う

——**株主さんも含めたオープンイノベーションは、すばらしい取り組みですね。日々の議論はどのようにされているのでしょうか。**

森本 毎月1回16社を集めて株主報告会を行っています。まず私たちが1カ月の進捗を、一つひとつのプロジェクト単位で○や×をつけながら「これはうまくいった」「これはできなかった。次はこうやる」と、極めて高い透明性をもって報告していきます。トラックメーカーとのやりとりはもちろん、ブランディング計画、プロジェクトの今後の予定も時限を切りますし、メディアからの取材対応、採用した社員の経歴と期待する役割などもすべて、事細かく報告していきます。そのため、月次の会議でも四半期に1度の年間事業計画会議でも活発な議論が起きています。ある株主が「こうしてはどうか」

図表2 T2の業務範囲

Future *of* Physical Distribution

と発言すれば、別の株主が「それはT2のためにならない」などと建設的、かつ健全に議論が進んでいきます。それ以外にも、タスクフォースを組んでいる企業とは、Slackを使って毎日やりとりを活発に行っていることに加え、意思決定会議を毎月実施しております。

透明性を高くしているのは、当社の社員が皆、本当に真剣にスピード感を持って非常に高いレベルで取り組んでおり隠さざるをえない恥ずかしい部分がないと信じていることに加え、しっかりと説明責任を十二分に果たし、サポートいただいている株主の信頼をさらに得たいと考えているからです。また、失敗も含め積極的に共有しますが、挑戦して失敗しても、それは恥ずかしいことではありません。そもそも「特定された不正解の数」は、確実に前進していることがわかるKPI

図表3　T2の株主一覧

株式会社宇佐美鉱油
株式会社環境エネルギー投資
株式会社 Preferred Networks
紀陽キャピタルマネジメント株式会社
大和物流株式会社
東京センチュリー株式会社
東邦アセチレン株式会社
日本貨物鉄道株式会社
三井住友海上火災保険株式会社
三井住友信託銀行株式会社
三井倉庫ロジスティクス株式会社
三井物産株式会社
三菱地所株式会社
JA 三井リース株式会社
KDDI 株式会社
Value chain Innovation Fund 投資事業有限責任組合

以上16社（2024年10月現在）

です。不正解を特定できれば無駄な議論を省略でき、生産効率がどんどん上がって、正解へたどり着くスピードと確度が格段に向上します。

―― AIなど技術開発分野では、難しい専門用語が飛び交っていそうです。

森本　確かに、エンジニアの中には、つい難しい用語を使ってしまう人もいます。ですから社員にはいつも、アインシュタインの「6歳の子に説明できないなら、それを理解しているとは言えない」という言葉を伝えています。私は大学時代、理系ではなかったですし、AIも物流も素人です。だから時々「まず僕で試してみてくれ。僕がわかったら、だいたいみんなわかる」と冗談交じりに言っていますよ。

繰り返しになりますが、当社の根本にあるのは「日本の物流を共に支えたい」です。そのためには「仲間づくり」が欠かせません。株主に限らず、世の中、技術に精通した方ばかりではないですから、社員にはわかりやすく、端的に要点を伝えることの重要性を徹底して伝えているつもりです。

ゼロベースの組織で 社内文化を醸成するために

――株主だけでなく、社内でのコミュニケーションも密なのですね。

森本　はい。私はこれまでタイやシンガポール、インド、チリ、ペルー、コロンビアなどさまざまな国でマネジメントに携わってきました。そうした経験から、経営で一番大事なのは「いか

に企業文化を醸成・浸透させるか」だと実感しています。社長の役割はまず方針を示すこと。それを文化にするために、毎日しつこいくらい繰り返し伝えていくことが重要です。それが会社の「土壌」になっていくからです。もし会社の土壌がしっかりしていなければ、どんなに優秀な人材が来ても「花」を咲かせることも「実」をつけることもできません。

理想は、役員や本部長、部長クラスも社長と一緒になって伝えてくれること。そうやってみんなで同じ方向を向くことが大事だと思っています。そのため、部長級以上とは月1回マネジメントキャンプを行います。ここでは株主への報告書以上に細かい精度で全社の進捗状況を共有したり、将来の方向性等をオープンに議論します。そうして信頼関係を築けたマネジメントたちとはほぼ以心伝心になれますから、人材採用なども含めて、かなりの部分を権限委譲できています。社員も同様で、根本の思想を共有できていれば、変な縛りはいらないと思います。

――社員の皆さんは、自由な感じで働かれている印象です。

森本　リラックスして仕事をするのが一番ですから。月に1回、社員全員でピザやお寿司をとって社内で立ちながら飲んだりしています。そこに株主の方がふらっと立ち寄ることもありますよ。毎日の職場でも、夕方5時から7時はビールを飲みながら仕事をしてもOKにしています。最近はさらに、

金曜日のみ4時からOKに緩めました。これまでの業務経験から、海外でやってよかったことはすべて実行しています。

ただし、やるべきところはしっかりやってもらっています。スタートアップでユニコーンになった会社も、過去の歴史的な偉業を成し遂げた会社にしても、最終的な勝者は「最後までやり抜いた会社」です。そしてやり抜くために必要なのは、情熱と忍耐力。今、超一流の技術に加え、情熱と忍耐力を持った人たちが集まって、目的に向かって進んでいるところです。

それでも細かいところでは、社員にいろいろと提案をしていますよ。例えば、当社の会議室には15分の砂時計とスコアボードを置いています。会議ってだいたい30分単位ですよね。でも、実際には10分、15分で済むことがたくさんあります。それなのに30分も拘束されてしまう。これはあまり効率的ではない。そもそも会議は「意思決定」をするためにあります。ですから15分間でいくつ意思決定できたかを可視化するために、砂時計とスコアボードを置いています。ただ、実際にスコアボードを何回めくったかはそれほど重要ではなく、テーブルの上にこれを置いておくことで、会議中にそれを意識するトリガーになればいいのです。

2031年までに2000台 さらに海外展開も視野に

——この先については、どのようなビジョンを描いていますか。

森本 2030年ごろには現在の荷物の約3割が運べなくなると言われています。当面の目標としては「2031年までに自動運転トラック2000台」を掲げていますが、自社のトラックを増やすだけでなく、他の運送会社さんにも使っていただけるような、運行管理や遠隔監視システムも含めたパッケージの開発もしていきたい。細かいところでは2029年度をメドに、高速道路から500m〜1km付近の物流倉庫への自動運転を実現したいですね。自動運転できる領域をそこまで広げられれば、利便性はかなり向上するはずです。

海外展開も視野に入れています。ドライバー不足は本質的に人口ピラミッドの問題ですから、海外でも顕在化しつつある課題です。例えば現在のタイでは人件費がすごく上がっています。一方で高速道路は結構整備されているし、日系企業もたくさん進出している。自動運転トラックだけでなく、拠点も含めたパッケージで展開できそうです。実際、タイの石油公社が実証実験の見学に来たこともあります。やはりカギを握るのは「仲間づくり」ですね。当社には三井、三菱といった財閥の壁など存在しませんし、従来の物流業界だけではない企業様たちともどんどん手を組んでいきたい。同じ社会問題を抱える国々とのつながりを、国境の垣根も越えて広げていきたいですね。

——本日はありがとうございました。

PROFILE

森本 成城（もりもと・しげき）

1978年大阪府生まれ。関西学院大学経済学部卒業後、2002年三井物産株式会社に入社。機械・情報総括部経営企画室や自動車・建機事業本部自動車・建機業務部企画室を経て、2013年タイの現地法人「BAF (Thailand) Co.,Ltd」に取締役として出向。2019年モビリティ第一本部LVS事業部リテールファイナンス事業室長としてアジアと南米地域のリテールファイナンス事業の統括を行う。2023年9月、株式会社T2に出向し代表取締役CEOに就任。現職。

会議室のテーブルに置かれた15分の砂時計とスコアボード

Future of Physical Distribution
Chapter 2-5

【ドローン物流が実現した未来の姿とは】

AI搭載ドローンの実装が
多くの社会課題を解決する

ドローンを活用した空輸でより効率的な物流を。日本でも長らく議論されている未来像だ。
しかし実際には技術面のほか、法整備や騒音・プライバシーなどの課題も多い。
ドローン物流は可能なのか。実現した暁のメリットは何か。実現に立ちはだかる壁とは？
日本のドローン開発の先端を切り開いてきた千葉大学名誉教授の野波健蔵さんにお話を伺った。

Photo: Kazuhiro Shiraishi　Text: Yusuke Higashi

野波 健蔵

千葉大学名誉教授 博士（工学）
一般社団法人日本ドローンコンソーシアム
会長・代表理事

——**現在、ドローン物流はどこまで
実現できているのでしょうか。**

野波　まず日本についてお話をすると「極めて後れている」状況です。例外的にドローン物流が実用化されているのが、離島や過疎地など地上配送が難しい地域です。例えば、長崎県の五島列島ではアメリカ製のドローンが飛んでいます。お年寄りが買い物難民化している離島に、医薬品を運んでいます。1回の充電で120km飛べるドローンが海を渡って飛んでいき、所定の場所にパラシュートで荷物を落としては帰ってくる。使われているのはアメリカのZipline社製の固定翼機です。Zipline社は、ルワンダやガーナなどアフリカ諸国でドローン物流をスタートさせました。紛争中の国に医薬品や食料を運ばないといけない、しかし陸路を使うと食料が略奪されるリスクがあるということで、ドローンで空から落とすわけです。同じやり方が離島間の物流にも使えそうだということで、豊田通商と長崎県が組んで「そらいいな」という会社をつくり、ドローン物流を始めたのが2022年4月のことです。

またセイノーホールディングスらは、三重県伊賀市でトラックと連携したドローン物流の実証実験を行いました。トラックが荷物とドローンを運び、目的地に近づいたらドローンに載せ替えて輸送します。要は、ドローンが荷役の手伝いをすることで、物流を効率化する試みです。今のところドローンで運べる荷物はせいぜい3〜4kgで

すが、将来的には50〜60kgまで可能になるでしょう。

——**対して、諸外国の動きはいかが
でしょうか。**

野波　日本とは比較にならないほどドローン物流が進んでいるのが中国です。街の至る所にドローンが着陸するドローンポートと、荷物を格納するボックスがあります。受取人はスマホに届いたQRコードをかざしてボックスを開け、荷物を取り出す仕組み。ドローンが運んできた荷物を仕分けてボックスに入れる作業もロボットが行います。すでに毎日3000便ほどのドローンが飛んでいますが、中国全土の広さを考えると、今後30万便、300万便に増えても不思議ではありません。

Future of Physical Distribution

日本よりもDXが進んでいるというのもありますが、ここまでドローン物流が浸透したのは、ニーズの大きさもあるでしょう。物流の「2024年問題」は中国にもあります。人手不足の中、人口14億人分の物流の一部をドローンで代替しようとしているのです。また中国は専制国家の強みで、トップが「やる」と決めたら実現は早い。技術的には日本も同じことができるでしょう。しかし実現する速度が違うのです。

ドローン進化の重要度は機体5割、周辺技術5割

——ドローンの研究開発におけるブレークスルーを教えてください。

野波 ターニングポイントは2016年頃だと思います。まず2010年前後に中国のドローンメーカー・DJIがホビー用ドローンをヒットさせました。その後、ホビー用ドローンの人気が一段落すると、今度は産業用ドローンの改良が進みました。ドローンの機体自体の性能ではDJIにかなわなくとも、アプリケーションを少しカスタマイズすることで、ドローンで空撮ができる、点検ができる、測量ができる、運搬ができると差別化を図るメーカーが増えていきました。今では中国だけで約1000社のドローン企業があります。

私も2013年に自律制御システム研究所（現ACSL）をつくり、ドローン開発を手がけるようになりました。日本のメーカーはだいたい、スタート時点では中国のメーカーと遜色がないのです。しかし日本は周辺技術が弱い。中国は今1000社のドローン企業があるといいましたが、日本は30社ほどしかありません。ドローン進化における重要度でいえば機体が5割、残り5割は周辺技術だと思います。ドローンといっても単に飛ぶだけでは意味がない。何らかの仕事をさせるには、周辺技術の作り込みが大切です。

例えば、農業用ドローンに農薬散布をさせるにも、技術的な課題がさまざまあります。空中で散布を続けてタンク内の薬剤が減ると、散布量にムラが出てくるのがその一つです。本来は、タンク内の薬剤量に関係なく一定の噴出量を保たないといけない。となると、重要なのはノズルのコントロールです。薬剤量が減るとノズルの噴出圧力が下がり、噴出量が減るのなら、ノズルの開度を広げてやればいいということです。また風の問題もあります。風速5mの風が吹けば噴霧した薬剤も5m分狙いから横に流れてしまいますから、その分を修正して飛ばないといけない。一口に「農薬をまく」といっても、これだけの賢さがドローンには求められるのです。

日本のメーカーはこうした周辺技術の開発ができませんでした。中国のメーカーに先行され、新しい技術がどんどん日本に入ってくると、手に負えなくなったのでしょう。現在では日本の農業用ドローンも多くが中国製です。「中国製のドローンは質が悪い」とされた時代もありましたが、今は非常に質が良くなっています。なおかつ価格が圧倒的に安い。日本製のドローンは同じ性能でも中国製にくらべて3〜5倍しますから、競争力がありません。

図表1　日本で実装されているドローンの例（2024年10月現在）

物流 離島や過疎地へのドローン空輸のほか、工場や倉庫の搬送ロボット、レストランの配膳ロボットなども含まれる。		**農業** 農薬や肥料の散布、受粉、農作物の運搬などに活用されている。その他、種まきや害虫・鳥獣駆除への活用期待も。	
土木・建築 土木工事時の測量や進捗状況の管理などに活用。資材の搬出・搬入にもロボットが使われている。		**防災** 土砂災害や山火事などの際、自治体が被害状況の調査、物資の運搬などでも活用している。	
点検 屋根点検や橋梁、プラント、メガソーラーなどの点検に活用。ビルメンテナンス用お掃除ロボットも増えている。		**エンターテインメント** 動画撮影のほか、LED搭載ドローンの夜間編隊飛行や、決められたコースでのタイムを競うドローンレースなど。	

──日本では何が社会実装を阻んでいるのでしょう。他国と比べて規制が厳しいなど、あるのでしょうか。

野波 規制が厳しいのは確かです。ただ、適切に規制されていると私は考えています。日本は人口が多く、また都市と都市がつながっているのが特徴です。こうした環境下で事故が起きればドローンのメリットも台無しなので、規制は厳しくせざるをえません。具体的にいえば、今、東京で物流用ドローンを飛ばすには許可が必要です。

2022年12月に改正航空法によりドローンの国家資格制度が始まり、「レベル4」の資格を取れば第三者上空、つまりまったく関係のない人の上でも補助者なし目視外飛行ができるようになりました。ただしレベル4を取得しても、実際に飛ばすにはさらに航空局へ申請しなくてはなりません。

ちなみに中国も規制はそれなりに厳しいのです。人口が多い北京、香港、上海などの上空は絶対にドローンを飛ばしてはいけない。ただ、その周辺地域では「どんどん飛ばしなさい」ということになっています。日本だと時の政権が何か言っても各都道府県知事が「危ないので困ります」と言えばドローンは飛びませんが、中国では制度上、トップがやれと言えば地方行政は従います。どんな物事にも良い面・悪い面がありますが、ことドローン物流の普及においては日本の慎重さが裏目に出ていると言えそうです。

ただ、この後はAIの実装によってドローン事故のリスクは小さくなっていくでしょう。現状、ドローン事故の大

図表2	AI搭載ドローンにできる4つのこと

1 プランニング
目的地への飛行経路までの大まかなルートを自律的に考えるのがグローバルプランニング。途中の障害物をいかに避けながら目的地に到達するかを適宜判断していくのがローカルプランニングだ。

3 衝突回避
空には障害物がなさそうに思えるが、樹木や電線もあれば、鳥や虫のほかに緊急ヘリコプターや他ドローンも飛んでいる。飛行時はかなりのスピードを出すため、瞬時の状況判断が重要になり、それはAIの得意とするところだ。

2 リスクアセスメント
気象条件や混雑状況を把握して、いつどこに着陸すれば良いかを自律的に判断する機能のこと。特に飛行ドローンの場合は強風などの影響を受けるので、状況に応じていかに上手に調整できるかがカギになる。

4 健康診断
モーターの異常発熱やセンサーの不具合、ノイズの発生といった異常を自分で発見する機能も重要だ。自機の異変を感知し墜落する前に不時着することができれば、事故はかなり予防できる。これもAIの得意分野だ。

半はヒューマンエラーです。今のドローンは自律飛行をしているといっても、人間が飛行状況をモニタリングしているので、完全な無人ではありません。目的地までの経路に樹木があって邪魔しているとわかるとアラートがモニターに飛んできて、人間の操作で回避しているのですが、なにしろ時速50kmで飛んでいるわけですから、操作ミスは起こります。ところがAIドローンなら人間の指示が不要になるわけです。一度目的地を設定すれば、あとは自分で考えて飛んでくれる。障害物との衝突も自分で回避してくれます。

AIドローンならできる4つのアドバンテージ

──自律飛行は頼もしいですね。

野波 おっしゃるとおりです。整理すると、AIドローンによって実現されることが、大きく4つあります。1つ目はグ

ローバルプランニングとローカルプランニング。目的地までの大まかな飛行経路を考えることと、障害物の回避です。

2つ目はリスクアセスメント。例えば、着陸地点の混雑状況や気象条件によっては、飛行経路や着陸地点を変えないといけません。そのように到着予定時間とのズレが生じるリスクを査定する機能がリスクアセスメントです。

3つ目は衝突回避です。ドローンが衝突するリスクがあるのは樹木や送電線だけではありません。これから多くのドローンが同じ空域を行き交うようになれば、ドローン同士の衝突事故も起こりえます。ドクターヘリのような有人機と衝突したら大変なことです。「動的障害物」というのですが、地図にないのに突然あらわれる対象物との衝突を回避するには、AIが有効です。

4つ目は、これも非常に大事なのですが、機体の「健康診断」をしながらの飛行です。自分で運転している

Future of Physical Distribution

車なら、音や振動、あるいは計器が示す値から異常がすぐにわかりますよね。しかし、空を自律飛行しているドローンには、自機の状態をチェックする機能がまったくありません。これでは危なくて都市上空は飛べません。AIドローンなら、墜落する前に自機の異常を自分で感知し、安全な着陸地点を探して不時着できます。もっと言うと、調子が悪いときや風が強いときは「飛ばない」判断を自分で下せる。ここまでくると、ドローンというより生きている鳥と変わりがありません。

——ドローン同士の事故を回避するため、ドローン間でデータを共有する仕組みも開発中だと聞きました。

野波 国も企業も、それぞれのレベルでUTM（UAS Traffic Management）というシステムの開発を進めています。これは飛行機でいう交通管制システムです。日本を飛ぶドローンはすべて登録されているのが前提です。またドローンにはリモートIDという発信機がついていて、自機の情報を発信しています。それを基地局で受信し、一元管理をする仕組みがUTMです。それこそ、1つの区画で1000機のドローンが物流、測量、点検とさまざまな用途で働いていても、UTMが実現すれば未然に衝突を回避できるという発想なのですが、実現にはまだ時間がかかりそうです。

騒音とプライバシー侵害 ドローン物流の課題とは

——今後、ドローン物流を「ビジネス」として成立させるために障害になりそうなことは何でしょうか。

野波 騒音と、プライバシー侵害の問題です。これは万国共通、どこにいっても付きまとうと思います。実際、訴訟が起きている国もあります。

アメリカのある街でグーグル系のWing社がドローン物流を手がけたところ、「うるさい」ということで訴訟を起こされました。ドローンに家をのぞかれるという問題もありました。しかし、いずれも結果的には和解したのです。今は課題が多くても必ずドローン物流の時代がやってくるのは、訴える側も訴えられる側も理解していますから。どう和解したかというとドローンを「着陸させない」ことにしたのです。ドローンは高度80mを飛び続け、荷物はすべてケーブルで下ろして敷地内にポンと落とす。アメリカの家は大きいですし、木が生い茂っていますから、これならドローンに家の中をのぞかれる心配もありません。

ただし、日本では同じようにはいかないでしょう。まず、それだけの広い敷地がある家が少ない。また、荷物の扱いもアメリカとは異なります。アメリカでは新聞配達も、庭に放り投げるのが普通です。ドローンが荷物を庭に落としたからといって「扱いが乱暴だ」と怒る人はいません。しかし日本は新聞も手紙も郵便受けに丁寧に入れる文化がある。これは日本独特の難しさですね。

——文化の違いは大きそうですね。

野波 プライバシー侵害の問題は日本にもあります。日本では以前「集合住宅のベランダに届ける」という案がありました。技術的には可能なのですが、例えば10階建てのマンション

図表3 大規模実証実験でブレークスルーできる

今後の日本でも、台湾南部嘉義市のようにドローン産業の中心地として、街全体で実証実験を行うような取り組みができればブレークスルーが期待できる。ドローンだけでなくスマートシティやMaaS（Mobility as a Service）、自動運転なども含めた複合的な実験都市をつくるのがベストだが、そのために国などのトップダウンの旗振りが必要になる。

の6階のベランダに届けるためには、上空からゆっくり10階から6階までドローンが下りてくることになるわけで、その間にベランダにある洗濯物から家の中まで全部カメラに写ってしまうリスクがあります。それでいてドローン物流のニーズが大きいのは、集合住宅が多い大都市です。つまり、集合住宅をターゲットにしたほうがビジネスになるのは明らか。しかしながら、プライバシー侵害の問題から集合住宅のベランダはドローン物流に使えないだろうと私は見ています。

解決策としては、ドローンの離着陸場所を、集合住宅のベランダではなく「屋上」にすることが考えられます。屋上で配送用ロボットが荷物を受け取り、自律走行で個人宅まで運ぶ、ということです。ただ、これはマンションの構造がネックではあります。多くのマンションの屋上は、エアコンの室外機などさまざまなものがひしめいていて、ドローンが着陸する隙間がありません。

——裏を返せば、集合住宅よりも戸建てが多く、敷地も大きい郊外ならばドローン物流は実現しやすい？

野波 そうですね。しかし、そうした地域ではドローン物流のニーズが大きくない。例えば、田舎にぽつんと建っている一軒家にドローンで荷物を運ぶのは簡単です。人が運ぶよりはコストもかからないでしょう。しかし、それをビジネスにするとなると、やればやるほど赤字になると思います。ビジネスにするからには、黒字化しないと続きません。ただ「お金があれば

PROFILE

野波 健蔵（のなみ・けんぞう）

1949年福井県生まれ。1979年東京都立大学大学院工学研究科博士課程修了、米航空宇宙局（NASA）研究員・シニア研究員を経て1994年千葉大学教授に。千葉大学理事・副学長（研究担当）を経て、2017年より一般社団法人日本ドローンコンソーシアム会長・代表理事。2019年一般財団法人先端ロボティクス財団を設立、理事長に。2023年より福島国際研究教育機構（F-REI）ロボット・ドローン分野長も兼任。

解決する」という話でもあります。憲法25条ですべての国民に保障されている「健康で文化的な最低限度の生活」を提供するため国が補助を出すのも、一つの選択だと思います。

国主導の下、都市単位でドローン技術の実証実験を

——今、最も関心を持たれているドローン技術はどんなものですか。

野波 実は私、「ドローン」という言葉があまり好きではないのです。鳥のように自律飛行するのが理想なのですから「飛行ロボット」のほうがいいと思っています。これからAIが実装されることで、ドローンはいよいよ本当の意味で飛行ロボットになるでしょう。技術的にはまだ道半ばですが、あと10年もすれば、目的地を入力したあとは人間が何もしなくてもドローンが自分で考えて飛ぶようになるはずです。

あとは、ドローンの進歩に日本がどれだけコミットできるかだと思います。「ドローンでは中国が進んでいるのだから、中国に任せておけばいい」という考えには賛成できません。これからドローンが大きな産業になるのは確実なのですから、国策として推し進めるべきではないでしょうか。台湾では、「ドローンが飛び交う街」を前提に二十数社が集まって実験的な都市づくりをしていると聞いています。日本でも、トヨタ自動車が静岡県裾野市に自動運転など先端技術の実証都市「ウーブン・シティ」を開発しています。ウーブン・シティはトヨタの財力があってこそのものですが、国からのトップダウンで、ドローンの先端技術が集積される実証都市をつくれないものでしょうか。例えば、その街にはドローンに興味を持ち実験にも協力的な人々に集まってもらい、物流は全部ドローンとする。事故も多少起こるかもしれませんが、左右からくる車だけでなく上にも気をつけて歩いたり、ヘルメットを被ったり。そういう大胆な街が日本にもあっていいと思います。

——**本日はありがとうございました。**

Future of Physical Distribution
Chapter 2-6

【物流業界における女性進出の実態】

女性トラックドライバーを増やすため物流業界ができることは何か

物流業界全体の人手不足が問題になる中、女性トラックドライバーの重要性が増している。
女性活躍を推進するためには、どのような組織風土、ルールや仕組みづくりが必要なのか。
株式会社NX総合研究所の主任研究員として、ロジスティクス分野における女性活躍の
現状と今後の課題について調査・研究を続ける大原みれいさんにお話を伺った。

Photo: Hirotaka Hashimoto　Text: Atsushi Watanabe

大原 みれい

株式会社NX総合研究所
リサーチ＆コンサルティングユニット2
主任研究員

——「2024年問題」をきっかけに女性ドライバーを増やそうという議論が生まれています。物流業界全体で見ると、女性の割合はどうでしょうか。

大原　総務省によると、物流業界（運輸業、郵便業）で働く女性の割合は約22％で、全産業平均（約45％）の半分に満たない水準です。極端な状況だと思います。細かく見ていくと物流領域ごとに事情は異なります。航空運輸業は約50％と全産業平均を超えています。理由は旅客のキャビンアテンダントやグランドスタッフに女性が多く含まれているからです。倉庫業も約39％と全産業平均には及ばないものの高い水準です。これは倉庫内でのピッキングやラベル貼りなどの流通加工で女性が活躍されていることによ

るものです。一方、鉄道業は約14％、水運業は17％、タクシーやバス（道路旅客運送業）は約10％と顕著に低くなります。2024年問題で注目されたトラック物流（道路貨物運送業）も約20％と少なく、トラックドライバーに絞ると3.4％と、女性が働く割合は桁違いに少なくなります。

——物流業界で働く女性の割合が低いのはなぜでしょうか。

大原　労働環境として他の産業よりも見劣りしてしまうのです。そもそもトラックドライバーの有効求人倍率は2倍を超えていて、全職種平均と比較して倍の需要があります。それなのに、トラックドライバーの数はピーク時の約98万人（1995年）から約78万人（2020

年）まで減っています。若い働き手の数も減っています。30歳未満の比率は、全産業平均の16.5％に対して、トラック業界は9.7％と低くなっています。同時に高齢化も進んでおり、2010年は50歳以上の道路貨物運送業就業者（トラックドライバー以外の職種も含む）の割合は約33.7％で20歳から30歳代は38.1％でしたが、2023年になると50歳以上が50.5％までに増えているのに対し、20歳から30歳代のドライバーは23.2％にまで減少しています。

このように若い人が減っているのに、外から新しい人が入ってこないので、シニアしか残らない状況です。労働環境の厳しさにはいくつもの面がありますが、一つは待遇面です。トラッ

Future of Physical Distribution

図表1 物流業界における就業者に占める女性の割合（2023年平均）

出所：総務省「労働力調査」よりNX総合研究所作成
注：就業状態：就業者、年齢階級：15歳以上、トラックドライバーは道路貨物運送業の輸送・機械運転従事者

物流分野における女性活躍の現状を見ると、女性トラックドライバーは3.4％と極端に少ないことがわかる。

図表2 トラックドライバーの数は減少している

道路貨物運送業における自動車運転従事者数の推移

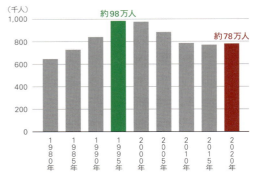

出所：国土交通省ホームページより

クドライバーの労働時間は全産業平均よりも約400時間も長いにもかかわらず、年間賃金は全産業平均よりも大型トラック運転者で約4％低く、中小型トラック運転者では約14％低く、条件の悪さは明白です。

——なぜ長時間勤務になってしまうのでしょうか。

大原 トラックドライバーは指定されたものを引き取り、目的地まで運んで降ろし、また会社に戻ってくるという業務です。しかし、1回の運行の平均拘束時間は12時間26分と長時間に及びます。実は荷物を運んでいる時間というのはそこまで長くはありません。平均すると6時間43分です。それとは別に、荷物を引き取ったり、荷物を降ろすタイミングで、相手先が準備できていなかったり、順番待ちをしないといけないため、トラックに乗ったまま待つ時間（荷待ち）が生まれます。それともう一つ、荷物を積み込む作業と降ろす作業（荷役）をトラックドライバーが自力で行うことが多いため、それも毎回まとまった時間がかかります。荷待ちと荷役がそれぞれ1時間半ずつかかり、両方で3時間超になるといわれており、ドライバーを長時間拘束する原因となっています。

荷待ちと荷役の負担を軽減するために

——荷待ちと荷役は効率化して短い労働時間に改善できるものでしょうか。

大原 内閣官房もそこを問題視しており、2023年6月に発表した「物流革新に向けた政策パッケージ」の中でも、3時間かかっていた荷待ちと荷役の作業を2時間以内に減らすことを求めており、これを含めた物流効率化を荷主に促すため、物流関連二法も改正されました。実はここは荷主企業と物流事業者の双方にとって非効率な商慣習になっており、うまくやればもっと短くできる余地があります。荷待ちに関していえば、入出庫作業を迅速化する、荷主側の努力で生産遅れ・出荷遅れを見直す、時間指定を弾力のある適正なものにする、トラック予約受付システムを導入する、車体と荷台部分が脱着できるスワップボディのトラックを導入する、などが考えられます。荷役に関していえば、荷物を出発地から到着地までパレットなどの同一輸送機器に荷物を載せたまま輸送・保管する一貫パレチゼーションを導入する、荷物の上げ降ろしにロボットを活用する、貨物を倉庫などからコンテナに積み込む作業を自動化する（自動バンニング・デバンニング機器の導入）、などの対策があるでしょう。

——もう一つの問題、賃金の低さはどういう理由によるものですか。

大原 一つは荷待ちと荷役の作業が契約に入っていないケースがあることです。無償でサービスとしてやっているので、この3時間分が賃金に反映されません。これに関しては国がちゃんと契約を書面化することを後押ししていますし、作業が発生した場合には料金として支払われることがこれからは当たり前になっていくべきです。2つ目に、運送会社が引き受けた仕事を、下請け、二次下請けへと何層にも落としていく、多重下請け構造も賃金を低くしている原因です。これによってどうしても末端のトラックドライバーにシワ寄せが来てしまいます。3つ目に、運送会社同士が過剰な競争をした結果、運送料金が適正価格よりも大きく下回っていることがあります。これに関しては国が標準的な運賃を設定するなどの是正措置を始めています。これら3つの要因により、賃金の低さが引き起こされています。

女性のライフスタイルに合わせた職場環境を作る

——構造的な問題のほかにも、会社でルートごとにドライバーが決まっていることがあり、不公平感が起こることがあると聞きました。

大原 荷待ち時間が長かったり、重い荷物の手荷役があるルートだったりすると、収入や労働環境、業務負担に差が出てしまうケースはたしかにあります。これによりドライバーの間で不公平感が出てきてしまいます。これを防ぐため、最近では、ローテーションを組み、その差をなくす企業が増えています。結果、社員は負担の多い業務が分散されることに加え、給与や休日を見通せるようになり、働きやすくなっています。会社にとっても、時間外労働時間などを法令順守しやすくなり、年次有給取得義務にも対応しやすくなり、ドライバーの定着率が上がるというメリットがあります。ドライバー自身がマンネリの仕事にならず、多能工化できること、ローテーションにより仕事の属人化を防ぐことにも大きな意味があります。

——企業ごとの努力によってドライバーの働きやすさを改善する動きはほかにもあるのでしょうか。

大原 佐川急便の茨城県潮来営業所の例は参考になります。女性のライフスタイルに合わせた労働環境を用意するため、女性スタッフによるドライバーへのフォロー体制が整っています。子どもを保育園などに預けて朝早くから働き、残業時間を短縮したい女性は「先発組」と呼ばれる働き方となり、朝8時から始業する一方で、17時前には退社できます。一方で、昼や夜間でも対応可能という女性は「後発組」と呼ばれる働き方となり、13時から始業して夜は少し遅めに退社と

図表3 トラックドライバーの年齢構成比

出所：総務省「労働力調査」よりNX総合研究所作成

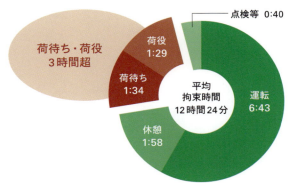

図表4 荷待ちがある1運行あたりの平均拘束時間と内訳

出所：国土交通省「トラック輸送状況の実態調査」（2020年版）

Future of Physical Distribution

いう形です。この仕組みでは荷物が多く発生する時間帯や土日、急な仕事の発生に対応するためにバッファーが必要になりますが、そこをフォロー役と呼ばれるスタッフが調整します。

古い「思い込み」による ハラスメントもまだ存在

——そもそもトラックドライバーの世界は男性社会で、施設の設備なども女性への配慮が欠けているという話もあります。

大原 物流事業者の中には女性用トイレや更衣室がないところもあります。あったとしても、仮設的なものであったり、衛生的に好ましくないものであることも少なくありません。会社のある建物や事務所、休憩室が古すぎて、外観を含め、そこで働くことに誇りを持ちにくいこともあるでしょう。ほかにも、思い込み（アンコンシャスバイアス）やハラスメントを防止するというのもまだまだ必要な取り組みです。トラックドライバーの世界は中高年の男性の層が厚いので、昔は当たり前であったことが、今はハラスメントになるということがあります。女性の被害者を出さないだけでなく、従業員を加害者にさせないためにも、会社は責任を持って全員にハラスメント教育を行うべきです。これはパワハラ、セクハラ、マタハラ・パタハラ、LGBTQなどを含むものです。アンコンシャスバイアスを排除したり、女性従業員自身の意識改革（キャリアプランなど）をすることは非常に大切で、そのためには会社として女性がライフイベントを迎える間にそれを行えること（早期育成）が望ましいでしょう。これは、性別役割分業意識を改革するということでもあります。例えば、運送会社で働くパパも保育園の送り迎えができるべきです。男性も同じように育休・時短をとってもらうことで、女性側のキャリアブランクを最小限にすることができます。要するに、女性だけでなく、トラック業界で働くすべての人が、ライフイベントのためにキャリアを諦めることがないようにする。育児や介護があってもキャリアアップできることが当たり前になるべきということです。

女性のロールモデルを示し ウェブサイトやSNSで発信

——ロールモデルとなるような女性の先輩社員がいることは大切でしょうか。

大原 自分もあの人のように働くことができるならやってみたい、という目標となるロールモデルがいることは、女性にとって大きなモチベーションになります。そのためには、年代、性別、役職、ワークスタイル、ライフスタイルの異なる多様なロールモデルが職場にいることが大切です。そうすることで、入社する女性がさまざまな働き方を見て、組み合わせて、自分に合ったものをイメージできるからです。会社としては、それを社内に用意できなければ、社外研修会へ女性社員を積極的に派遣したり、取引先企業の女性管理職や役員などを招いた講演会を企画したり、女性交流会へ参加させることで、会社の垣根を越えたロールモデルを見つけてもらえるきっかけをつくることもできるでしょう。

また、求人という意味では、自社内に女性のロールモデルがいることをウェブサイトやSNSを通じて発信することで、求職者を増やすことを期待できます。自社が積極的に女性活躍に取り組んでいることを示すために、認定制度を取得するのも手です。女性

PROFILE

大原 みれい（おおはら・みれい）

英国にて修士課程修了後、日本の民間シンクタンクに入社。国土交通省や国際協力機構（JICA）からの委託でアセアン諸国の事業環境・物流事情調査、環境省のアジア3R推進フォーラムの事務局業務等のプロジェクト企画に従事。2015年株式会社NX総合研究所に入社。現職。海外物流インフラ、トラック運転者労働条件改善調査等に関する調査のほか、物流業界における女性活躍・ダイバーシティ推進、ワークスタイルの変革等の研究に従事。

図表5 女性ドライバーのために労働環境を整える企業も増えている

【潮来営業所】女性のライフスタイルに合わせた労働環境の構築

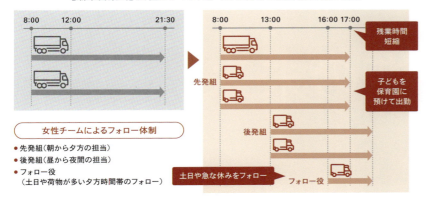

出所：関東運輸局「現場発！物流の魅力発見シンポジウム」（2017.6）佐川急便株式会社資料

活躍やダイバーシティ推進については「くるみん」「えるぼし」「なでしこ銘柄」「ダイバーシティ経営企業100選」などがあります。物流分野では「ホワイト物流」推進運動、運転者職場環境良好度（働きやすい職場）認証制度、Gマーク（安全性優良事業所）、「みんなで創る内航」推進運動などがあります。これらを取得している会社が増えれば、業界全体もホワイトな働き方になると思います。

女性管理職がさらに増えれば経営の意思決定の幅も広がる

――トラック業界には女性管理職はどのくらいいるのでしょうか。

大原 運輸業、郵便業の女性の管理職比率は低めですが、役員に占める女性の割合は意外に高いのです。全産業平均（企業規模10人以上）が20.9％なのに対して、運輸業、郵便業は22.7％となっています。トラック会社に関していうと、家業のトラック運送会社を娘が継ぐというケースが多く、女性の社長はけっこういらっしゃいます。全日本トラック協会の中にも女性部会というものがあり、そこでの議論も活発です。女性の視点からの経営によって、今のピンチをチャンスに変えていくような会社も増えていると思います。

――トラックドライバーに女性が増えることは将来的にどんな影響をもたらすでしょうか。

大原 まず、女性が増えると職場が明るくなる、活気が生まれるという意見を多く聞きます。女性が活躍することで、アイデアのインプットが多様化し、仕事のやり方、手順、モノの位置など、業務の改善が進むと思います。

女性活躍＝女性が管理職になることではなく、すべての社員が生き生きと働くことが大切ですが、従業員の男女比率と管理職の男女比率が同等でなければそもそもおかしいですし、同等となるのが本来のあるべき姿です。それと連動して、会社の意思決定に女性も参加することが重要。女性の管理職比率が増えるということは、会社における意思決定に関わる人が多様化することを意味し、それは新たなイノベーションを生み出します。刻々と変わっていく社会やビジネス環境にいち早く、柔軟に対応するためにも、多様な人材やアイデアが不可欠です。それは女性だけでなく外国人などにより多様化を進めていくことも欠かせません。

2024年問題に対応するための生産性向上や働き方改革は、トラック業界だけでなく、物流・ロジスティクス業界も巻き込んで変わっていくチャンスです。これを機に、社内の非効率を徹底的に洗い出して効率化を行い、元請けを含む荷主にも荷待ち時間や荷役作業の改善、オーダー締切時間や出荷情報の連携、標準的な運賃などの取引条件について果敢に交渉してほしいと思います。このようなチャンスはもう来ないと思います。すべては大切な従業員の健康と安全、雇用、生活を守るため、会社の存続・発展のため、そして持続的な物流・ロジスティクスを実現するためですから、臆せずに取り組んでいってほしいです。

――**本日はありがとうございました。**

Chapter 3

連携の未来

少子化による人手不足、多重下請け構造、中小企業の倒産リスクなど
日本の物流が抱える課題は、個社では解決しきれないものばかりだ。
一方で共同配送や業界の構造改革、意識改革など
会社や業界の垣根を越えた取り組みも少しずつ広がりを見せている。
この章では、多様な連携のあり方について取材、
業界関係者の対談を交え日本が目指すべき未来像を模索する。

Future *of* Physical Distribution

Chapter 3-1

【共同配送は日本の物流をどこまで変えるか】

ダブル連結トラックによる混載で積載率38%→65%を実現

より少ないトラックでより多くの荷物を運ぶためダブル連結トラックを導入し、
量子コンピューターで積み付けや割り付けを計算、業種を超えた共同配送を実現する。
今、NEXT Logistics Japan 株式会社は、リアルタイムでの物流全体最適に挑戦している。
同社の取り組みはいかに実現したのか。代表取締役社長CEO梅村幸生さんにお話を伺った。

Photo: Kazuhiro Shiraishi   Text: Yusuke Higashi

梅村 幸生

NEXT Logistics Japan 株式会社
代表取締役社長CEO

—— 改めて、NEXT Logistics Japan（以下、NLJ）が設立された経緯と目的をお聞かせください。

梅村 現在、自動車業界は「100年に一度の変革期」とされ、特に「CASE」（コネクテッド、オートノマス、シェアード、エレクトリック）と呼ばれる新しい技術が車のあり方を大きく変えようとしています。こうした新技術の活用で社会課題である「物流の2024年問題」を解決するべく、NLJは設立されました。当社は日野自動車の子会社として設立されましたが、鈴与、鴻池運輸、日本製紙物流などの運送会社、アサヒグループジャパン、江崎グリコ、ニチレイロジグループといった荷主企業、さらには三菱HCキャピタルや三菱UFJ銀行と、当社

と理念を共有する25社が株主として、またパートナー企業として参画しているのが特徴的です。異なる立場を超えた「仲間」たちが新しい物流を共創する、そのための場がNLJともいえます。また2022年には、より幅広くオープンな仲間づくりを進めるべく「NLJ Plus+」を設立しました。これまでパートナー企業と共に培ってきたソリューションを出資なしで活用いただくための枠組みです。こちらは現在までに味の素、花王、サントリーホールディングスなど27社が参画しています（2024年11月時点）。

NLJの具体的な活動には、例えば自動荷役による省人化、電動化によるCO_2排出量の削減などもあります。しかし、トラックの自動運転も電動化

も社会実装されるのはもう少し先のことになるでしょう。そこで「現在」何ができるかを考えた結果、「ダブル連結トラックを活用した混載輸送」に取り組むことになりました。ダブル連結トラックとは1人のドライバーでトラック2台分の荷物を運ぶもの。また混載とは複数の荷主の荷物をまとめて運び、トラックの積載率を向上させることをいいます。「ダブル連結トラックを活用した混載輸送」により、トラック輸送の生産性を大きく向上させることができます。ただ「ダブル連結トラックを活用した混載輸送」という言葉だけでは説明しきれないほど、さまざまな試みをしています。例えば「定時運行」です。電車のようにダイヤグラムを組み、定時運行させてトラックの稼働率

Future of Physical Distribution

を100％に近づけています。現在は、関東と関西の間に「クロスドック」と呼ばれる駅のような拠点を置き、複数の荷主から持ち込まれた荷物を積み合わせて、関東関西間をトラックが昼夜行き来しています。稼働率は90％以上。それでいて、ドライバーには中継地点で交代してもらうため、労働負担は軽減されています。「複合積載率」という考え方も特徴的です。これは「重量」だけでなく「容積」というファクターを加味して積載率を捉えるもの。例えば、ビールのような飲料は非常に重いため、トラックの積載重量の上限を守るとトラックの荷室の上半分が空になってしまいます。一方、カップ麺のような軽い荷物は荷室を一杯に使えますが、重量としては上限の半分しか使っていないというもったいない状況が起こります。そこで複数の荷主、複数の荷物の重量と容積を「組み合わせて」最適解を導く。その結果、業界平均で38％の積載率が65％まで向上しました。2023年には最大で89％の積載率を達成しています。

最適なルート、積み付けを量子コンピューターで算出

――最適な荷物の組み合わせを考えるのは容易ではなさそうです。

梅村 そこが問題です。荷物の重さやサイズは一つずつバラバラ。さらには、どの運送会社のドライバーが、どの車両で、いつまでにどんな運び方をするのかも加味しなければならない。これらをパズルのように組み合わせて最適解を導くのですが、人間の手に負える計算ではありません。そこで当社は量子コンピューターの技術を活用した物流最適化ソリューションシステム「NeLOSS（ネロス）」を開発しました。NeLOSSであれば、例えば「アサヒ飲料は三ツ矢サイダーを16パレット、日清食品のカップ麺を20パレット運びたい」といったデータを入力してワンクリックすると40秒で計算が完了します。もっとも現時点でのNeLOSSは「Ver1.0」にすぎません。将来的にはトラック輸送にとどまらず、鉄道や船舶など日本中の物流をつなげた「マルチモーダル」物流を提案できるものに進化させる計画です。

――NeLOSS開発には莫大な投資を要したはずです。

梅村 株主からの支援や親会社である日野自動車との共同開発を活用しながら研究開発を進めています。メーカー等とは違い、物流業界にはこれまで「研究開発」という概念がありませんでした。決算書にも「研究開発費」という費目が見当たらないのです。しかし誰かが研究開発を行わなければ物流に進歩はありません。物流業界における研究開発を担うこともNLJの使命だと考えています。もちろん投資した資金の回収は必須です。そこで2024年10月から外部向けにNeLOSSを販売し始めました。より少ないドライバーとトラックでより多くの荷物を運ぶための仕組みを、例えば苦境に立たされている地方の運送会社に使っていただければ、と思っています。

業務効率化でドライバーの待遇改善も実現できた

――事業スタートから現在に至るまでの成果を教えてください。

梅村 現在は15両のダブル連結トラックを運行しています。1人のドライバーで2台分の荷物を運び、そして積載率を65％に高めた結果、輸送力は250％に向上しました。また、混載により複数の荷主からの荷物を1人のドライバーが運べるようになったことで、累計8300人の省人化の効果が。CO_2も1700トン低減できました。なお15両のダブル連結トラックを所有しているのは当社ではなく、車種も日野自動車だけではありません。当社は運送会社にダブル連結トラックをリースで提供、各社のドライバーと協力しながら運行するという体制をとっています。繰り返しになりますが、当社の使命は社会課題の解決。親会社であ

写真：NLJ提供

日本初のダブル連結トラック。2023年7月より運行を開始し、業種を超えた混載で物流の効率化を実現している。

図表　量子コンピューターを使った「NeLOSS」で異業種混載を実現

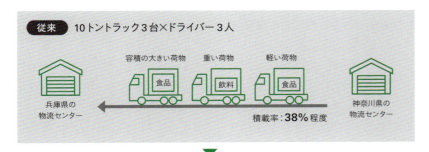

従来、大型トラック3台分とドライバーが3人必要だった運送は今や、ダブル連結トラック1台とドライバー1人で行える。NeLOSSで最適な積み付けを算出すれば、積載率89%も実現できる。

る日野自動車にとって運送会社は「お客様」ですから、お客様の仕事を奪い、自社の利益を追求するようなことはしません。さまざまな会社のトラックで、さまざまな運送会社が、さまざまな荷主企業の荷物を運ぶ、そうしたオープンな場づくりを意識しています。

ドライバーの待遇改善も大きな成果だと考えています。一般的な大型トラックドライバーの年収は約463万円といわれる中、当社がお支払いするのは600万〜800万円と倍近い水準。また働き方改革法案により2024年4月からトラックドライバーの残業時間は「年間960時間」に制限されましたが、当社はさらに短い年間360時間で働けるようにしようとしています。これらは「トラックドライバーを目指す方が増えるように、特に若い方に興味を持ってもらえるように」との思いからです。「ダブル連結トラックを活用した混載輸送」により生産性が向上した分、荷主が払う運賃を下げられると考える方もいるかもしれません。実際「ダブル連結トラックがあれば1人で2台分運べるのだから、運賃を半分にすべきだ」と考える会社もあってもおかしくありません。しかし、それは私たちが目指す社会ではない。ただでさえドライバーは不足しているのです。かつては「ハードだけど稼げる」仕事がドライバーだったのに、今では過度な価格競争によって「労働時間は長く給与は低い」仕事になってしまっている。このままではいよいよ誰も運んでくれなくなるでしょう。NLJは「ドライバーファースト」でいきます。

国との連携も進んでいます。大きいトラックですからどこでも自由に走行できるわけではないのですが、国の力添えにより通行可能な区間が広がりつつあります。また、従来、国内法規で許可されていた最大の高さは3.8mでしたが、国にお願いして30cm分規制を緩和していただき、全高4.1mのダブル連結トラック車両も一部導入しています。現在は経済産業省と協力して荷姿の標準化に取り組んでいます。荷姿とは、荷物の外観や梱包状態を指しますが、現状ではそれぞれがバラバラです。こうした荷物の組み合わせはNeLOSSでも最適化できますが、それだけが解決策ではないと思うのです。例えば、流通するパレットのサイズを3種類程度に集約し、荷姿を標準化すれば、容易に効率よくきれいに積み込むことができ、積載率も高まるはずです。そんなわけで私たちは、NeLOSSで組み合わせの最適解を導きつつ、パレット規格の見直しなどを通じて荷主の意識も変えていきましょうと提案しているのです。

まず動いて課題を見つけ一つずつ解決していく

—— NLJが始動する以前のこと、つまり物流業界の課題を集積するプロ

Future of Physical Distribution

セスにも興味があります。

梅村 会社設立は2018年ですが、トヨタグループのほかにも商社などさまざまな業種から約20人のメンバーが集まり、自動車まわりの技術を活用し、物流・人流の社会課題解決を考えるワークを始めたのが2017年のことです。1年間ほぼ毎週、2030年において人や物の移動に関してどんな困りごとが起きているかを議論したり、さまざまな会社に「今、困っていることはなんですか」と聞いて回りました。その中で「トラックの長距離輸送におけるドライバー不足が深刻化する」等の仮説がたてられ、その問題を解決できる手段としてダブル連結トラックや混載のアイデアが浮かんだのです。

自動運転トラックのアイデアもそうして生まれました。思えば2030年というのは、意外とすぐにやってくる未来ですよね。自動運転の技術は確立されているかもしれない、でも自動運転車が一般道を走るのはまだ難しい。それでも高速道路を走る幹線輸送であれば、ある程度の自動化が可能だろうと考えました。幹線輸送が自動化され、最終的に幹線輸送の人手が不要になれば、それまで幹線輸送に従事していた人たちをいわゆる「ラストワンマイル」の配送に振り向けることもでき、物流業界の人手不足を緩和できるのではないでしょうか。ただ、すべては仮説にすぎません。ですから当時のコンセプトは「まずやってみよう」。時間をかけ検討するより行動に移すのが先決だと考え、2018年に会社設立、2019年に事業をスタートさ

せました。実際、やってみて初めてわかることばかりでした。例えば「匂いが気になるからあの荷物とあの荷物は一緒にしたくない」「組み合わせの最適化をしたいが通常のコンピューターだと計算に一晩かかる」といった課題が見えてくる。しかし課題がわかればあとは一つずつ潰せばいいのです。まず動く。動くと課題がわかる。課題を潰す。その繰り返しです。

運送会社も荷主もみんな ハッピーになる仕組みをつくる

──当初から、荷主のみならず運送会社も参画してもらうイメージはあったのでしょうか。ともすると「利益相反」になりかねません。

梅村 当初から親会社のトップには「一人も敵をつくるな」と厳命されていました。敵をつくるような事業は支持を受けず、長続きもしないからです。具体的には、例えばある荷主の荷物をダブル連結トラックで運ぶ場合、それまで2台のトラックで運んでいた運送会社の仕事を奪ってはならない、ということです。ですから、荷主にも運送会社にも参画してもらうことが重要。ダブル連結トラックを「リース」で運送会社に提供するのも「敵をつくらない」ためです。私たちが車とドライバーを抱えたら運送会社の仕事を奪ってしまう。そんなことを私たちは望んでいません。運送会社も荷主もハッピーになる仕組みをつくらなくては。ただ、そうはいっても親会社である日野自動車にとってトラック運送業

者は「お客様」です。お客様の事業領域に私たちが参入するわけで、コンペティターと捉えられてしまう懸念がありました。はじめのうちは、お話をするにも「恐る恐る」でしたね。ですが幸いにも、どの会社にも物流に関する問題意識を持った部署があり、担当者がいたのです。彼らに「一緒にやりましょう」と声をかけ、課題意識と解決のアイデアを持ち寄りました。

──そうした「仲間」との連携は、物流業界における課題解決に向けた一つのカギだと思います。

梅村 そうですね。当社には「営業部」がありません。NLJの取り組みに賛同してくれる仲間を増やしたいので。「仲間つくりディビジョン」としました。仲間つくりディビジョンのルールは「売り込み」をしないこと。まず当社の活動について丁寧にご説明をする。それで関心を持ち、声をかけてくださった企業と「一緒に活動する」というスタンスでやっています。今も、荷主や運送会社などのパートナー企業らと同じテーブルについて議論する機会を定期的に持っています。また、当社には社外取締役として立教大学の首藤若菜先生にもご参画いただいており、「なんで運賃を上げないんですか、国は上げろと言っているのに」とか厳しいツッコミを入れるわけですね。

ロジスティクスをやってみたい という若者を増やすために

──なるほど、大学も巻き込んで。

梅村 いくつかの大学とお話をしていて、例えば明治大学からはインターンの学生を送り込んでいただいています。実は、物流に積極的に取り組んでいる大学は少なく、物流は学問として確立されていません。端的に言って、物を運ぶということに学問的な価値が見いだされていない。特に日本では議論が後れていると思います。しかし、NLJのように量子コンピューターを使って荷物の組み合わせを計算して生産性を上げたり、自動運転トラックを導入したりしていると、アカデミックな議論をするべきテーマがいくらでも出てくるわけです。自動運転トラックにしても、私のようにメーカー出身の人間は「トラックをつくればいいんだ」と浅はかに考えてしまうのですが、どうやって運用するのか、そのアセットを誰がどう持つのか等も考えないといけない。私が期待するのは「ロジスティクスをやってみたい」という若者が増えることです。学問として研究するのもいいですし、ダブル連結トラックを走らせたい、でもいい。物流に興味を持つ若者が増えれば、業界も盛り上がると思うのです。

産業界も変わってほしい。近年、CLO（最高ロジスティクス責任者）を置く企業が増えつつありますが、これは産業界の変化の兆しと言えるかもしれません。これまで物流というと、どうしても「コスト」として認識されがちでした。今なお「物を運ぶのは当たり前のこと、1円でも安くしろ」という考え方が主流です。しかし野村総合研究所の調べでは、これからドライバー不足が進むと2030年には日本全国で約34％の荷物が運べなくなるとか。想像してみていただきたいのですが、もしトヨタ自動車の生産ラインに届くべき物が3割少なくなったら、生産ラインは稼働できなくなるでしょう。このままでは物が運べなくなるどころか、物がつくれなくなるのです。2030年問題はすでに始まっています。

つまり、物流業界の問題は、産業全体、社会全体にとっても喫緊の問題でもあるということです。それほど重要なのに、物流をコストとしてのみ認識するわけにはいかないのではないでしょうか。それなのに、各社の物流担当者も「前年よりどれだけコストを削減できたか」が評価基準になっているのが現状。こうした業界ではイノベーションなど起こりようがありません。先ほども触れましたが、これまで物流業界には「研究開発」そのものがなく、研究に関わっている一部の方々も本当にご苦労されています。願わくば、「このままでは物が運べなくなる、生活が成り立たなくなる」という認識が、社会全体に広まってほしい。また、物流を支える仕事や物流のイノベーションが高く評価される社会になってほしい、そう思います。

——**本日はありがとうございました。**

取材日：2024年7月31日

PROFILE

梅村 幸生（うめむら・ゆきお）

1972年北海道生まれ。1996年慶應義塾大学総合政策学部卒業後、日野自動車株式会社（旧・日野自動車工業）に入社。国内営業部門で小型トラックの企画マーケティング、宣伝プロモーションなどに携わる。2015年トヨタ自動車株式会社総合企画部出向、日野自動車新事業企画部部長を経て、2018年NEXT Logistics Japan株式会社を設立。代表取締役社長CEOに就任。現職。

倉庫内ではつねに大型モニターでNeLOSSの画面を表示。どの荷主のどの荷物をどこに載せるのが良いか、すべて具体的な指示が出る。

Future
of
Physical Distribution
Chapter3-2

【カーボンニュートラル実現に向けた物流の役割】

業界横断的な仕組みをつくる絶好のチャンスが訪れた

いかにCO_2排出量を削減するか、脱炭素問題にどう対応するかは、物流分野でも喫緊の課題だ。
カーボンニュートラル実現に向けた物流の役割は何か。具体的にどのように進めるべきか。
長年、物流業界の脱炭素問題に取り組んできた株式会社ローランド・ベルガーのパートナー小野塚征志さんに、
今後、日本が目指すべき物流脱炭素の未来像とその道筋について伺った。

Photo: Takafumi Matsumura Text: Daisuke Ando

小野塚 征志

株式会社ローランド・ベルガー パートナー

──脱炭素化社会に向けて、日本の物流ができることは何でしょうか。

小野塚 2020年、菅政権のときに日本は「温室効果ガス(GHG)の排出削減」と「カーボンニュートラル社会への転換」という2つの目標を掲げました。これは世界との約束ですから、日本社会全体として目標実現に向けて行動していく必要があります。これが大前提です。そのうえで、日本全体で排出されるGHGのうち物流が占める割合を見てみると、約8%と決して小さい数値ではありません。内訳を見てみるとトラック輸送が約85%と、大きな部分を占めていることがわかります。地形的な理由も大きいでしょう。欧州やアメリカでの幹線輸送は鉄道が珍しくありませんが、日本ではトラック輸送がメインです。日本も鉄道を使えばいいじゃないかと思われるかもしれませんが、日本の鉄道は旅客輸送ですでにダイヤがパツパツですし、山や海が多く線路拡張は簡単ではありません。そのためトラック輸送に頼らざるをえないわけです。つまり日本の物流における脱炭素とは、現時点では「トラック輸送におけるGHGをいかに削減するか」と言えるでしょう。

──日本企業の取り組みはどんな状況でしょうか。

小野塚 時々「日本企業のGHG削減の取り組みは後れている」という言説を耳にします。しかしこれは正しくないと思います。すでにかなり多くの日本企業が積載を工夫して効率的な輸送に努めたり、ドライバーに走行中のアイドリングを減らすよう徹底したり、配送ルートを見直したりするなど、さまざまな努力をしています。世界的に見ても日本企業は非常に真面目で、むしろ優等生と言ってよいと思います。

問題は、こうした努力のほとんどが「数値」という成果に表れていない点です。現在、ほとんどの企業ではグローバルでのGHG排出量の算出に「トンキロ法」を採用しています。荷物の重量(t)と輸送距離(km)に係数を掛けてGHG排出量を計算する方法で、世界的に見ても多くの企業が採用しているやり方なのですが、効率化の努力がまったく反映されないというデメリットがあるのです。例えば1トンの商品10点を10km先の工場に運ぶ

Future of Physical Distribution

とします。荷姿や積み込みの組み合わせを工夫して積載率100%の10トントラック1台で運んでも、積載率10%のスカスカのトラック10台で運んでも数値としてはどちらも「100トンキロ」と算出されます。実際のGHG排出量も、当然トラック10台を走らせたほうが圧倒的に多くなるのですが、トンキロ法では同じ扱いです。トラックの種類も勘案されません。EV（電気トラック）やFCV（燃料電池トラック）でも、黒煙をもうもうとあげる古いトラックでも同じ。熟練ドライバーが必死にアイドリングを減らしても、その努力は数値には一切反映されません。

——やはり、すべての数値を調べて厳密に算出するべきでしょうか。

小野塚 それができればベストです。しかし現実的には難しいでしょう。脱炭素に積極的な会社の多くはグローバルに展開している大企業ですが、そうした企業の多くは世界各地に生産拠点や販売拠点を持っています。膨大な数の会社が関わってきますから、逐一調べていくのは簡単ではありません。それに中南米やアジア、アフリカなどGHG削減への意識が低い新興国で厳密な数値を取りまとめるのは、はっきり言って不可能です。ここに海運が加われば、厳密な計算はもっと難しくなります。船一隻を丸ごと借りていれば話は早いのですが、コンテナ船での積み合わせ輸送であれば、比率に応じた計算が必要になります。ところが船の積載率や荷物の比率は海運会社の企業秘密にあたるため、情報の取得が容易ではありません。日本国内だけだとしても「多重下請け構造」という問題が立ちはだかります。地方への運送となると、元請けの運送会社だけでは難しいですから、孫請け、曾孫請けと業務委託を続けるしかありません。すると精密な数字を得るには途方もない手間と費用がかかります。会社が大きければ大きいほど、事業が多岐にわたればわたるほど、数値の収集は困難を極めます。

現状、この問題を手軽に解決してくれるのがトンキロ法です。トンキロ法なら、運送会社や関連会社の数値をとりまとめなくても、自社内でささっと計算できます。各メーカーは自社努力が反映されないことはわかっていながら、トンキロ法を使わざるをえないというわけです。

——どうすればいいのでしょうか。

小野塚 共通のツールづくりが急がれます。どのデータを、どのようなツールでどう算出していくかが定められていないため、企業は「全部やる」しかありません。ひとまずは国内だけでもいいので、共通の運用ツールを早急に決めるべきでしょう。そのうえで、必要な部分の情報を取りまとめていくのです。ツールづくりは、本来は関係各社が連携して民間で決めていくのが望ましいです。「プラットフォームを共通化し、システムを連携させていったら徐々にみんなが使うようになり、いつしか業界スタンダードになっていた」というのが理想的です。ただし各社の利害関係なども複雑に絡んできますから、簡単ではありません。現

図表1 カーボンニュートラル実現には物流業界の脱炭素が欠かせない

日本のCO₂排出量（2022年）

電気・熱配分前
- 発電所・製油所等 40.2%
- 製造業・農林水産業等 24.2%
- 旅客 10.0%
- 物流 7.8%
- 第三次産業 5.3%
- 家庭 4.8%
- 工業プロセス等 3.9%
- 廃棄物 2.8%
- その他 0.2%

電気・熱配分後
- 発電所・製油所等 7.9%
- 製造業・農林水産業等 33.7%
- 旅客 11.1%
- 物流 8.2%
- 第三次産業 16.3%
- 家庭 15.1%
- 工業プロセス等 3.9%
- 廃棄物 2.8%
- その他 0.2%

左グラフは、発電や熱の生産に伴う排出量を一緒に計上したもの。
右グラフは各業界に配分したあとの数値。いずれにしても物流の割合は8%前後だ。

出所：国立環境研究所調べ。グラフはローランド・ベルガーで一部加工

図表2 脱炭素化の対象をまとめた「Scope1・2・3」

出所：環境省

実的には、政府や業界団体に音頭を取ってもらい、共通ツールやデータ形式の設定をしていくしかないでしょう。

――日本企業は横断的な取り決めが苦手なように思われます。

小野塚 うまくいっている例もたくさんあるのです。例えば、通関手続きシステムの「NACCS（ナックス）」です。貿易に関わる行政手続きと民間業務をオンラインで行えるシステムで、わりと早めに業界スタンダードとして定着しました。半官半民の認可法人が作ったシステムで現在は株式会社化されていますが、共通システムの構築を上手に行い、標準化に成功しました。他にも、内閣府のSIPスマート物流サービスが2022年に公開した「物流情報標準ガイドライン」が好例でしょう。これによって運送計画の策定プロセスや

必要情報などが各社各様になっていた問題が解決されつつあります。強制力はないのですが、国の補助金等を受ける際にはこのガイドラインに従わなければならず、標準化の一助になっています。

脱炭素に向けた大きな仕組み作りという意味では、今は非常に大きな潮目が来ていると思います。2024年から施行された改正物流関連二法により、2025年以降、荷主や物流事業者には「誰がどんなものをどのように運んでいるのか」を把握することが義務づけられます。こうしたデータ収集にはDX化が欠かせませんから、企業や業界の垣根を越えてガイドラインを制定し、データのプロトコルを共通化する絶好のチャンスと言えるでしょう。データ収集時にGHG情報を載せるようにするだけでも、かなり変わっ

てくると思います。

脱炭素を実現するための3つのステップ

――ルールづくりを待つ間も、企業はGHGの排出削減に努める必要があります。具体的にどのように取り組むのが良いのでしょうか。

小野塚「見える化」「削減」「相殺」の3つのステップで進めるのが良いと思います。「見える化」とは自社のどこでGHGの排出が多いのかを把握すること。トラック輸送のGHG排出が8割の会社でオフィスの節電を徹底しても効果は薄いですから。まずは重点ポイントを見極めることが重要です。そのうえで「削減」に取り掛かります。物流で言えば具体的には「輸送効率の向上」「輸送手段の変更」「輸送距

Future of Physical Distribution

離の短縮」という3つのアプローチが考えられます。効率化なら「共同物流の推進」、手段の変更なら「モーダルシフト」、距離の短縮なら「輸送ルートの最短化」といった具合です（図表3参照）。最後の「相殺」は、削減策のみで目標に到達できない場合にオフセット事業者に費用を支払うといった追加的施策を指します。

これが基本的な考え方になりますが、会社によってはもしかしたら「荷待ち」と「低積載率」の問題を解消するだけで、かなりのGHG削減を達成できるかもしれません。荷待ちとは、工場や物流センターでの混雑のためドライバーが車中で待たされる現象のこと。午前中に到着しているのに午後まで待たされるというのは、現場では本当によく起きている問題です。せっかく高価なFCVトラックを購入してGHG削減を試みているのに、現場では毎日数時間、荷待ちで無駄なアイドリングを続けているわけで、本末転倒です。

低い積載率はさらに大きな問題です。現在、日本のトラック平均積載率は4割を切っています。つまり6割のトラックが空気を運んでいるのです。もちろん積載率8割の会社もあるでしょう。しかしそれはすなわち、一方に積載率2割の会社があるということを示しています。企業によっては積載率30％のトラックが毎日、同じ工場を行ったり来たりしていることさえあります。なぜこんなことが起きてしまうのかというと、根底には荷主のワガママがあると思います。「急いで運んでもらうことで生産の遅れを取り戻したい」といった具合です。調達や生産の都合上、どうしてもやらなければならないこともあるでしょう。しかし1日3便／積載率30％のところを、例えば1日に1便／積載率90％にするなど、一定の効率化は可能なはずです。

実際、現場担当者に話を聞くと、ほとんどの人がこうした非効率について「問題だ」と感じています。しかし工場や生産側は「現場で部品が足りなくなるよりはマシ」と見過ごし、運送会社側は「発注主のオーダーに逐一に応えていくのが競争優位だから仕方ない」と受け入れてきました。しかし「2024年問題」に象徴されるように、今後は人手不足がより一層深刻になっていきますから、一刻も早く改善されるべき問題です。

荷主の側にも提案を"聞く体制"が必要

――問題だと認識しているのに改善されないのはなぜでしょうか。

小野塚 日本の物流会社の立場が伝統的に弱いというのが挙げられます。運送会社は荷主に対して注文をつけづらいものです。積載率の問題で言えば、欧米ではあらかじめ最低注文ロットを決めておき、それを下回ると運賃を上げるという交渉をします。「積載率3割でもいいから運べ」という注文に対して「あなたはワガママを言っているのだから、その分高くなりますよ」というわけです。健全な交渉だと思うのですが、日本ではそれすらできないのが実情です。

運送会社が毅然と交渉することも大事ですが、荷主側に「聞く体制」が整えられていないのも問題かもしれません。日本企業では経営メンバーに物流担当者を置かないケースがほとんどです。経営会議に出る役員は

PROFILE

小野塚 征志（おのづか・まさし）

1976年東京都出身。慶應義塾大学大学院政策・メディア研究科修了後、富士総合研究所やみずほ情報総研を経てローランド・ベルガーのパートナーに。サプライチェーンやロジスティクスを中心に経営計画、成長戦略、新規事業開発、構造改革などに携わる。著書に『ロジスティクスがわかる』（日経文庫）、『サプライウェブ』（日本経済新聞出版）など多数。

通常、生産や開発、販売担当で、物流責任者はせいぜい部長クラスでしょう。物流の現場や運送会社からの状況改善の提案が行われ、経営会議の議題にのぼっても、生産担当役員から「それでは工場のラインが止まる」とか、販売担当役員から「欠品が出たらどうするんだ?」という意見が出て却下されるのがオチです。もしそこに物流担当役員がいれば「生産効率は5%落ちるかもしれないが、輸送コストが7%削減できる。利益は上がるし、GHGの削減になる」と対等な立場で議論ができるかもしれません。経営メンバーに物流担当者がいないのは、意外に大きな問題です。

ただしこれらの問題は、2025年以降、少しずつ解消に向かう可能性もあります。物流二法の改正に伴い、荷主と元請運送会社には物流効率化の努力義務が課せられ、非協力的な会社はブラックリストに載り公表されますし、年間の取扱貨物の重量が9万トンを超える荷主は「特定荷主」に指定され、CLO(最高ロジスティクス責任者)の設置が義務づけられるからです。うまくいけば、荷待ちや積載率の問題も解決されていくでしょう。

──今後、脱炭素化を推し進めるために何が必要になるでしょうか。

小野塚 私自身は、ある程度「力を抜く」ことが必要かなと思っています。日本人の多くはMaximization(最大化)とMinimization(最小化)に長けています。欠品や誤出荷をゼロにする、生産性を最大化することは非常

に上手で、それゆえに荷物が「壊れる」「無くなる」といったことがほとんどない、世界一の品質を誇る日本の物流を実現してきたわけですが、それだけに物事に取り組むとき、近視眼的になってしまうことがあるのです。海外の売り上げが8割超の会社なのに、日本の流通経路の情報を徹底的に集めたうえで、同じ精度の情報をアジアの工場にも求めて全部集まらず、「ダメだ。うまくいかなかった」とすべてを諦めてしまう。意外と多いケースです。

ここで強くおすすめしたいのが、Optimization(最適化)の精神です。「緩くていいからひとまずやってしまおう」という考え方で、欧米の会社はほとんどこれです。例えば海外の情報

はトンキロ法で緩やかに計算し、国内の情報で集まった部分は緻密に計算を行う。そういった具合です。日本は決して、GHG排出削減の後進国ではありません。むしろ成果を挙げつつ、物流品質を保っている世界でも稀有な国です。そこははっきりと自信を持っていいと思います。日本の物流の未来を見据えたとき、カギになるのは「和魂洋才」です。そうすれば必ず、日本らしいカーボンニュートラルの仕組みをつくることができます。夢物語のように聞こえるかもしれませんが、和魂洋才はかつて自動車の分野で一度、成し遂げられたこと。脱炭素の分野でも必ずできると思います。

──本日はありがとうございました。

図表3 「効率」「手段」「距離」の3つのアプローチでCO$_2$を削減する

	削減方法	具体的な手段
輸送効率を上げる	出荷頻度の適正化	・Just In Timeの生産体制から**在庫を一定量保持する**運用に変更 ・曜日・日付固定の定期出荷から**都度出荷**に変更 など
	共同物流の推進	・グループ会社や他社との**共同物流**の拡大 ・出荷量に応じて車建てから**個建て**、FCL(コンテナ貸切輸送)からLCL(混載輸送)に柔軟に変更 など
輸送手段を変える	モーダルシフト	・航空輸送やトラック輸送から**鉄道輸送や海上輸送**へのシフト ・**インターモーダル**による輸送手段の最適化 など
	グリーンエネルギー化	・バイオ燃料やグリーン電力をはじめとする**再生可能エネルギー**の利用 ・**EV(電気トラック)**や**FCV(燃料電池トラック)**の活用 など
輸送距離を短くする	輸送ルートの最短化	・先端技術の活用による**最適な輸送ルート**の設計 ・生産地から消費地まで中間流通拠点を介さない**直接輸送**の拡大 など
	地産地消の推進	・調達先を遠隔地から**近接地**に変更 ・特定の工場での集中生産から販売先近くでの**分散生産**に変更 など

Future
of
Physical
Distribution

Chapter 3-3

【船舶の自動運航はどこまで進んでいるのか？】

無人運航船で船員不足と海難事故の両方を解決できる

「車で自動運転ができつつあるのに、船でできないのは悔しいよね」。
日本財団が手がける無人運航船プロジェクト「MEGURI 2040」は海運会社の何気ない一言から始まった。
2040年までに内航船の半分を無人化・自動化させるべく、実証実験はすでにステージ2に入っている。
同プロジェクトの立ち上げから携わっている日本財団常務理事の海野光行さんにお話を伺った。

Photo: Hirotaka Hashimoto　Text: Daisuke Ando

海野　光行

公益財団法人日本財団
常務理事

——まず、船舶の自動運航に着目した理由から教えてください。

海野　「ソーシャルイノベーションのハブ」として社会課題を解決するため、活動を続けています。無人運航船プロジェクトはその一つで「船員不足」と「海難事故」という課題解決を目指しています。

船員不足は深刻です。今、「2024年問題」でトラックドライバー不足が非常に大きな問題になっていますが、海上はどうかと言うと、実はトラックよりもひどい状況にあります。日本の沿岸を航行する内航貨物船では特に高齢化が進んでいて、船員の半数が50歳を超えています。そもそも船の上の仕事は過酷です。台風が来ても離着桟しますし、三交代制は当たり前。ラ

イフジャケットを着用しているとはいえ、夜中に落水しそのまま亡くなるケースもあります。なのに給料は安いまま。内航船には外航船と違って「外国人を雇えない」という規制があり、近い将来、船員がいなくなるという事態が本当に起きるでしょう。

海難事故の問題も厄介です。船同士の衝突や座礁は今に始まった問題ではありませんが、海上での事故は船員の命に直結しますし、たくさんの荷物を積んでいますから損害額も膨大です。もしタンカーの事故であればオイル流出など環境破壊にもつながりますし、陸上の事故よりも大きな問題を引き起こしかねません。こうした海難事故はなぜ起きるのか。原因を調べてみると約8割が人間による確認ミ

ス／操作ミス（ヒューマンエラー）だとわかっています。つまり車の自動運転と同じで、人が介在する余地をなくせば、相当数の事故を防げるというわけです。無人運航船が実現すれば、船員不足と海難事故の問題を両方いっぺんに解決できる。そう考えて2020年に造船会社や海運会社、商社など53社と一緒に立ち上げたのが「MEGURI 2040」プロジェクトです。

——実際、自動運航の技術はどこまで進んでいるのでしょうか。

海野　技術面ではかなり進んでいますよ。現時点では、新造コンテナ船、既存コンテナ船、離島航路の旅客船などで「完全自動運航が一部可能なレベル」まで到達しています。自動車

Future of Physical Distribution

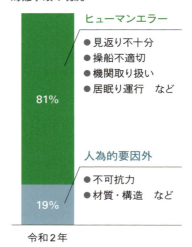

図表1　海難事故の約8割がヒューマンエラー

海難事故の現況

ヒューマンエラー 81%
- 見張り不十分
- 操船不適切
- 機関取り扱い
- 居眠り運行　など

人為的要因外 19%
- 不可抗力
- 材質・構造　など

令和2年

出所：海上保安レポート2021

図表2　世界初の無人運航船実証実験は成功済み

＜2022年の時点で＞
- 長距離、長時間（12時間以上）航行
- 輻輳海域航行（東京湾）
- 大型船（全長200m以上）
- 高速航行（係船支援でのドローン活用）
- コンテナ船
- 小型観光旅客船
- 水陸両用船

苫小牧／敦賀／群馬県吾妻郡／東京湾／新門司／横須賀

東京湾を出向する内航コンテナ船「すざく」

船員が操作をしなくても安全航行できる

の自動運転でいう「レベル4」です。2040年までに内航船の50%を無人運航船にするべく、関係省庁や業界団体、大学の協力を得ながらさまざまな取り組みを行っているところです。

私たちは乗り越えるべきハードルを、①技術、②ルール・規格、③社会的理解の3つに分類しています。①の「技術」とは主に避航や離着桟技術のこと。船体に取り付けた各種センサーで外部環境を的確に把握し、安全な航行を実現する自律運航システムも含みます。中でも障害物を避けながら航行する「避航」技術は特に重要です。浅瀬や風、波などはもちろん、漁師さんが設置したブイも認識しなければなりません。ブイは海域によって色も形も大きさも異なりますか

ら、列島の周辺に浮かんでいるブイをすべて、個別データとしてインプットして、システム構築しなければなりませんでした。

さらに日本固有の問題もあります。東京湾など日本の主要港の多くは、入り口が狭くさまざまな船舶が入り乱れる輻輳海域です。タンカーやコンテナ船がどんどん入ってくるし釣り船も多い。ヨットもいればマリンスポーツを楽しむ人もいて、はっきり言ってカオスです。かなり高い精度での安全航行が求められるのですが、これまでの実証実験で高難度な避航もすべてクリアできています。

不測の事態に対する備えも万全です。2024年7月には兵庫県西宮市に「陸上支援センター」を設置、最低限

4隻を同時に遠隔操作できる状態にしてあります。地震や台風などで陸上支援センター自体が災害に見舞われることを想定し、キャンピングカーに機器を搭載して移動しながらコントロールできる仕組みもつくりました。言わば二重、三重の安全装置です。じつは技術面や安全面については、かなり高度なところまで到達できているのです。

技術面はすでにクリア
次は国際ルールづくり

——逆に、課題となっているのはどんなところでしょうか。

海野　②「ルール・規格」と③「社会的理解」です。これは「国際条約に

基づく規則・国内法令、あるいは保険制度の整備を行う」こと。国際条約をつくる際、日本が主導権を握ることがとても重要です。現在の日本の技術力は本当に優れていて、世界各国と比較してもかなり突出したレベルにあります。体感としては2周半くらい先行している印象で、競馬で言えば絶対に負けないリードですよ。しかし、もし国際ルールづくりで後れを取れば、この圧倒的リードも簡単にひっくり返されるでしょう。かつて太陽光パネルの分野では、技術的に先行しておきながらルールづくりで後れ、世界的な競争に取り残されたと聞きます。私は、無人運航技術は海運における最後のイノベーションだと思っています。これ以上の革新はしばらくは訪れないでしょうから、ここで負けるわけにはいきません。今まさに、政府の交渉団と連携しながら、世界各国と侃侃諤諤の議論を行っているところです。

現在、海上における条約や国際ルールはすべてIMO（国際海事機関）で制定されています。国連の専門機関でロンドンに事務局があり、各国の代表団が集まって条約や取り決めについて話し合っています。条約締結後、それぞれ国に持ち帰って法整備を行うという流れで、無人運航船に関するルールも同様の手順になります。細かい内容はIMOでの話し合いで決まるのですが、大きな枠組みについては国際社会の中にある「サロン」で決められるケースがほとんどです。海事の世界では伝統的に英国が強く、各国の主要人物が集まってサロンを形成しています。今後は、どうやってそのサロンの中で影響力を発揮していくかが重要なテーマになるでしょう。

一方、中国も台頭してきていて、彼らはサロンではなく国際機関のトップや幹部に人材を送り込む手法を取っています。いずれにしても海外でリーダーシップを発揮できる人材を育てられるかが、今後のカギを握ります。

私たちは古くから国際関係奨学プログラムに注力しており、たくさんの「日本財団国際フェローシップ」を育ててきました。今、彼らはさまざまな国際会議に出席してリーダーシップを取ってくれています。かつて明治維新の後、政府は有望な若手をどんどん海外に送り、日本の影響力を国際的に増大させることに注力しましたが、今まさに同じようなことが必要とされているのかもしれません。

子どもたちと業界への周知を徹底する

——③の「社会的理解」についてはいかがでしょうか。

海野 もっと、無人運航船の技術やメリット、今後の課題を広く社会に周知させなければなりません。特に「無人運航船がある未来とはどんなものか」を示すことが大事だと思っています。人々に理解されない技術をつくっても仕方ないですから、内航船だけで1兆円程度の経済効果が見込まれるなど具体的な数字を交えながら、今後も広くアピールしていく必要があるでしょう。

特に子どもたちへの啓発には、力を入れています。この技術の恩恵を最も大きく受けるのは私たちではなく、次世代を担う彼らです。海の仕事を知り、何より海を身近に感じてもらうため「陸上支援センター」に小学生を招いて自動運航の技術や管理の仕組みを見てもらい、少し未来に起きることを体感してもらっています。こうした積み重ねが、やがて彼らが大きく

海野「陸上支援センターはスタートレックのようなデザインに。子どもたちを招くと『わぁ！』と喜んでくれます。それが狙い。海の仕事を『かっこいい』と思ってほしい」

Future of Physical Distribution

なったとき海の仕事に就くのが自然なことになり、人手不足解決の一助になるかもしれません。

業界内での周知も大切です。実は船会社の中にはまだ、無人運航船に否定的な意見があります。「機械が人間の仕事を奪う」という捉え方ですが、私たちが目指しているのはあくまでも、危険な海上の仕事を減らし、安全な港で別の業務に就けるように支援すること。誰かの仕事を奪うのではなく、新しい職場を創出するための技術なのです。

ですが実際には「現場の人たちへのイメージが悪いので、無人という言葉を使わないでください」と言われることもあります。それでも私たちは「無人」の旗を下ろすつもりはありません。無人を目指さなければ自動運航すらできないわけですし、絶対に海で働く人たちのためになる事業だと信じていますから、今後も粘り強く説得していきたいと思っています。

連携が進まない以上
自分たちがやるしかない

── 日本の未来を担う大きなプロジェクトですが、こうした事業は企業からの相談で始まるのでしょうか。

海野 意外と小さいところからスタートしています。とある船会社さんの方々と私の3人で食事会をしているときでした。ふと「車の自動運転は進んでいるのに船でできないのは悔しい」という話が出たのです。その席では「この技術を使えばできそうだ」とか「あの会社はこんなことをしているらしい」と盛り上がりました。後日、別の船会社や造船会社の方にそれとなく「船舶の自動運転を考えているのだけど、どう思います?」と打診してみたところ「うちも考えているけど、あまりうまくいっていないんだ。ぜひ仲間に入れてほしい」という反応がたくさん得られました。そこで「じゃあ一つ具現化してみるか」とコンソーシアムを立ち上げたのが始まりでした。

瞬く間に多くの会社が集まったのですが、集結したメンバーを見てみると伝統的な「海の会社」ばかり。イノベーションを起こすには何よりも多様性が大事ですから、私は慌てて、通信会社や気象会社、商社、機器メーカー、自動車メーカーなどの事業者にも声をかけて入ってもらうことにしたのです。コンソーシアムでの議論を続けながら、日本財団としても1年程度かけてみっちりとリサーチを行い、さまざまなエビデンスを集めました。やがて実現のメドがたち、2020年に正式なプロジェクトとして発足した次第です。

社会実装をどんどん進めて
実例と実績を積み上げる

── 船会社や造船会社各社が取り組んでいたにもかかわらず、実現が難しかったのはなぜでしょうか。

海野 個社でも時間をかければ、いずれ実現できたでしょう。しかしそれ

図表3 船会社だけでなくさまざまな事業体が連携

造船会社や海運会社のほか、通信会社、電子機器メーカー、商社、保険会社など53社が集まり、無人運航船プロジェクトを進めている。

では遅いのです。世界の潮流に取り残されます。日本全体として技術はある。やる気もある。あとは結集させるだけなのに、さまざまな壁がそれを阻んでいる。だとしたら私たちがやるしかない。そう感じました。日本財団はもともと、地方自治体が主催するボートレースの売上金をもとに、社会課題に向き合うNPOなどに資金助成をするための組織ですから、企業や官公庁など関係各所へのネットワークがありました。昔から造船事業の支援を行ってきた組織でもあるので、海に関する社会課題の解決に取り組むのは組織として自然なことだったのも大きいですね。

コンソーシアムを始めてみると、競争面や情報流通の心配などから確執が生まれそうになったこともありました。でも「日本の未来をつくるために頑張りましょうよ」とお声がけを続け、その結果「自動運航技術を確立して世界をリードするんだ」という志のもと結束できたのです。

ご存じのように、日本は四方を海に囲まれた海運国家です。かつては造船技術では世界一を誇っていました。しかし国際社会でのルールづくりでは、必ずしも主導的な立場ではありませんでした。石油や天然ガス発掘など海洋開発の領域でもオランダやアメリカに後れを取り、いつしか造船の分野では韓国・中国に追い抜かれました。いずれの分野も技術面では世界トップクラスでしたし、外交も含めてさまざまな努力をしてきたのですが、うまくいかなかったのです。私た

PROFILE

海野 光行（うんの・みつゆき）

1968年生まれ。日本財団海洋事業部を統括する常務理事。「次世代に豊かな海を引き継ぐ」をテーマに「海と日本プロジェクト」などのさまざまな事業を展開。国内外における、政府、国際機関、メディア、企業、大学、研究機関、研究者、NPO・NGO等とのネットワークを駆使してソーシャルインパクトを生み出し、地球環境問題をはじめ、海洋において国際的なイニシアチブを発揮できるよう、新しい時代を創るプロジェクト開発や戦略的パートナーシップの構築を進めている。2024年9月より総合海洋政策本部参与も務める。

ちもプロジェクトを支援する立場として忸怩たる思いがありました。当事者の船会社さんや造船会社さんは、もっと悔しい思いをされていたでしょう。そうした屈辱の歴史もあり、皆さん「今回こそは絶対に負けないぞ」という思いを、本当に強く持っているのです。

無人運航の社会実装が港湾の課題も解決する

——社会実装に向けて、今後どんな取り組みが必要でしょうか。

海野 どんどん実用化していくことですね。海域限定でもいいし、時限的でも、特定の条件では人が制御するという条件付きでも構いません。今はとにかく実例と実績の数を積み上げることです。実例があれば官公庁でも予算を確保しやすいですし、実績があれば海外メジャー企業やサロンを説得する材料になります。実現に向けた

法規制も含めて、今まさに国土交通省など関係省庁の担当者と協議を進めているところです。

また、無人運航の実例を増やすことで、港湾の「24時間問題」も解決するかもしれません。今、世界中のどこを見渡しても、24時間開いていない港などほとんどありません。しかし日本の港湾は労働問題などの関係から、対応に後れを取っています。コンテナを積み替えるクレーンの自動化が進んでいないという理由もあるでしょう。もしかしたら無人運航船の実用化によって、港湾側に変化が表れるかもしれないとも思っています。業界全体を次のステージに進めるためにも、スピード感をもって実現を目指すことが大事。それが、今の海運業界が抱えているさまざまな課題解決につながっていくはずです。

——本日はありがとうございました。

Future of Physical Distribution

Chapter 3-4

【院内物流の見直しで実現する、医療体制のあるべき姿】

人手不足など医療課題解決には院内物流の効率化が欠かせない

「2024年問題」は運送業界だけでなく、地域医療を担う病院にも大きな影を落としている。
医師・看護師不足や診療報酬の低下、コロナ禍の影響などさまざまな課題を抱える中、
国立大学病院の医師、医療情報学の研究者、総合医療機器卸売りの3人にお集まりいただき、
院内物流の現在の立ち位置と課題、目指すべき未来について話し合っていただいた。

Photo: Yoshiro Masuda　Text: Daisuke Ando

花田 英輔 × 高階 雅紀 × 島田 正司

花田 英輔
佐賀大学理工学部
教授
博士（工学）

高階 雅紀
大阪大学医学部附属病院
手術部・材料部・臨床工学部
部長、特任教授

島田 正司
小西医療器株式会社
常務取締役
ソリューション事業本部長

——病院内の物流について、現状どのように感じていらっしゃいますか。

高階　まず「院内物流」という言葉について、3人のイメージを合わせないといけませんね。狭い意味での物流なら「モノを移動させる」だから、時間短縮とか省スペースが課題になります。ロジスティックという意味なら製造業とかと同じように「最終消費者まで届ける」ための付加価値まで含めた話になるでしょう。病院の場合は消費者じゃなくて患者さんだけど。

島田　病院さんに医療機器やトータルソリューションを提供している企業としては、やはり「患者さんにいかに安全に使われたか」までが物流だと思っています。先生方や看護師さん、患者さんに安心してお使いいただくため

の方法やシステムまで含まれると考えますが、どうでしょう。

花田　病院設備学の立場からするともっと広がりますね。病棟だけでも薬や消耗品、器具、食事、ゴミなど運ぶものは多岐にわたります。ワンウェイのものもあればリターンもあるので、配る・集める・捨てる視点で動線を考えなければなりません。さらに言えば、御遺体をどう運ぶのか、霊安室をどこに置くのか、その動線を考えるのも院内物流に含まれます。

高階　まさに、お二人のおっしゃるとおりです。でも話を広げると際限なくなっちゃうから、今回は病棟での消耗品や薬剤の移動と、SPD（院内医療材料物流）*1まわりの話を中心にしましょうか。

花田　そうしましょう。病院内でのモノの管理で言うと、通常、つねにここに何個あるべきだという定数配置と、足りなくなったらそのつど発注するケースの2種類がありますよね。大阪大学医学部附属病院（以下、阪大病院）さんは早くからSPDを活用されていますが、薬剤や消耗品の管理はだいぶ楽になったのではないでしょうか。

高階　はい。病棟間での物のやりとりがスムーズになりました。「注射針が足りない」となったとき、スマホや詰所のタブレットで「欲しいです」とオーダーをかければ、別の病棟がすぐ融通してくれるようになりました。昔は使用履歴を残すために手書きの伝票を書かなければならず、時間も手間もかかっていたのですが、今はすべ

Future of Physical Distribution

てデータ化して簡略化できています。小西医療器さんのおかげです。

島田 ありがとうございます。当社がSPD事業を展開したのは1997年です。その後さまざまな経験を経て2021年に最新マテハン機器を導入し、DX化を駆使したSPD拠点（大阪ソリューションセンター）を業界に先駆け稼働させました。GS1バーコードからRFIDへ書き込み、メーカーでRFIDを貼付した状況をつくり出し、個体管理し、患者使用までの完全なトレーサビリティーの仕組みを実現いたしました。データ化に成功し、看護師さんや現場での検品も楽になったと思います。

花田 すばらしいですね。モノの情報をデータ化するという意味では、本来は「この患者さんにこの注射針を使い、このように捨てました」までわかるのが理想です。細かい情報を一元管理できれば、針刺し事故*2が起きたときも、感染源を特定して対処しやすくなります。

高階 手術室限定ですが、針1本1本にタグを貼っています。どの患者さんに何の材料と薬剤を使ったか、リアルタイムで情報収集できています。これは本当に画期的で、上手にデータを取ることができています。

病院内のモノの流れと情報の流れを一致させる

花田 タグはRFIDですか。

島田 はい、RFIDです。導入自体は2020年頃で、先生方にご指摘をいただきながら改良を重ね、2022年から本格稼働させています。箱単位での管理ならバーコードでも十分ですが、注射針1本までとなるとRFIDが一番だということでご提案しました。

花田 しかし、針1本までとは徹底していますね。注射針そのものにタグは付けられないから、滅菌パックとかに貼っている感じですか。

高階 注射針の袋一つひとつに。院内物流の情報を集めるには個別コードが付いていないとダメですからね。

島田 患者さんのIDも一緒にデータに書き込めるので、どこでどの患者さんに何をどれくらい使ったかをトレースし、可視化できるようになったのは大きいです。病院内でも、他業種のメーカーさんがやっているような消費分析ができるようになりました。

高階 一般的な商品の世界で言えば、Point of Sale（POS）情報などを使って、何を補充すればいいかリアルタイムで把握するのが当たり前。だけど病院ではそうではない。手術室でやっとPoint of Consumeまではできるようになった状態です。本来は情報に残す価値のあるものとないものがあるのですが、そこはまだ選別できていません。RFIDでの管理は、このあとカテーテル室にも導入する予定です。詳細な情報を集められるのは良いのだけれど、そのために、箱を開封したあと個別にシールを貼るという別の手間が発生しているのが課題です。

花田 いや、でもほとんどの病院は、そこにすらたどりつけていないですよ。

島田 院内物流に携わらせていただくようになって最初に感じたのは、モノの流れと情報の流れが一体化していないということでした。1997年頃は、どこの病院さんも企業会計の考え方とは無縁で、そもそも「棚卸しって何？」という状態でした。当社で代行しよう

写真左から島田さん、高階さん、花田さん。会場には大阪大学医学部附属病院の会議室をお借りした。

としてもマスターすらありません。結局、倉庫に眠っている手書き伝票の束を会社に持ち帰り、すべて広げて区分けをして入力しました。すると、翌月に期限切れを迎える医療材料が山ほど出てきて、「われわれのほうで医療廃棄に出しておきましょうか」と許可をいただいて処分したこともあったくらいです。その頃から考えるとかなり……。

高階 進んできましたね。

島田 はい。ただ、ここで満足してはいけなくて、逆に速度を上げていかなければいけないと思っています。例えば今、世間では食品ロスが問題になっていますが、実は医療ロスも結構、大変な問題なんですよね。

高階 はい。かなりまずいです。

島田 病院さんが必要だと思って購入した医療材料が思ったほど動かなくなった場合どうするか。極端な話ですが、倉庫に置いたまま、期限切れになって"死ぬ"のを待つしかありません。この現象は病院さんだけじゃなくてわれわれ卸売りにもあるし、メーカーにも仕掛かり品のロスがあって、期限切れと同時に処分するのです。本来はそういうのを集めて、必要としている病院で使ってもらえるのが一番です。

花田 病院では突発的に何が起こるかわからないから、医薬品は多めに備蓄しないといけません。手術直前に執刀医の先生が突然「あ、そうだ。アレ持ってきて」とおっしゃって、材料部が大騒ぎになることはたまにあります。だから、ある程度は仕方がないけれど。そういえば、病院から病院にモノを動かすときってどうするんで

すかね。売ることになるのかな？

高階 どの時点で所有権が変わるかっていう問題ですね。病院内に置いてあるけど、消費するまでは卸売りさんのものというタイプもあって、それは多分融通が利く。でも病院側が買い取ったものだと外には持ち出せない。

島田 器具などの医療材料であれば、業者の預託はある程度可能です。薬剤に関しては法令上、難しいですが、系列グループの所有にしておけばグループ間での融通は可能です。例えば阪大病院さんではあまり動かず期限切れが近づいているものがあって、系列の別の病院では需要があるなら、そっちに持って行ったほうがいいですよね。将来、そういう仕組みができると良いなと思っています。

花田 中国地方の5大学では、共同購入の動きは時々あるんですよ。その分、安く買えますからコスト的にもいいですよね。阪大病院さんのように自前の倉庫を持っているところや、島田さんの会社のように全国展開されているところは大丈夫ですが、地方の大学病院はそうもいかないので。

島田 良い取り組みですね。ただ、一カ所に固めすぎるのも危険なんです。集めすぎると、コロナ禍みたいなことが起きたとき、本当に不足しますから。BCP（事業継続計画）の観点からも、分散配置は重要です。

高階 安く買いたいけど「卵を1つのカゴに盛るな」というやつですね。

——院内の人手不足の問題についてはいかがでしょうか。

花田 かなり深刻だと思います。病棟内での消耗品や薬剤の管理は電子化が進んでいますが、注射針が足りないとか、深夜帯に患者さんの容態が急変して薬品が足りないとなると、看護師さんが走って届けるケースがほとんどですよね。

高階 はい。世の中ではロボットくんがいろいろ運んでくれるようになっているけれど、病院内の自動化は全然進んでいない。うちに限らず、医療はまだ労働集約的なことばかりで、人手に頼らざるをえないところがあります。

花田 阪大病院さんみたいに大きな病院だと、薬剤ピッカーやメッセンジャーを雇えますが、小さい病院だとそうはいかないです。

高階 深夜帯になると、やはり看護師さんや看護助手さんが自分でやっています。医療従事者が、本来の医療行為に集中するという意味では、こうした仕事はすべて専門職の方にアウトソーシングするのが一番良いのだけれど。そこも人手不足ですね。

病院内の人手不足を AIやロボットで補えるか？

——ロボットの活用についてはいかがでしょうか。

花田 実現はまだまだ遠いように思えます。自動搬送機を設置するにしても、余程の数量あるいは重量のモノを運んでもらわないと投資効果は薄い。それに大量に運ぼうとするとロボットが巨大化しますから、そうなると建築から見直す必要が出てきます。

Future of Physical Distribution

PROFILE

花田 英輔（はなだ・えいすけ）

1963年東京都生まれ。1987年九州大学総合理工学研究科情報システム学専攻博士課程修了後、1987年日本電気株式会社に入社。1992年長崎大学総合情報処理センター助手、1996年九州大学医学部附属病院医療情報部、2002年島根大学医学部附属病院医療情報部准教授を経て、2014年佐賀大学大学院工学系研究科教授に。2018年より佐賀大学理工学部理工学科教授。現職。専門分野は病院設備学、医療情報学、通信・ネットワーク工学など。

島田 現状で言うと、全自動ロボットが運べる分量はたかが知れてますもんね。段ボール箱1個くらい。それでも1台1000万円以上します。

高階 人がやっちゃったほうが早いんですよ。30年前、阪大病院を建てた時にAGV（無人搬送車）を導入したんです。廊下にガイドテープを貼って運んでもらっていたのですが、当時の無人機はセンサーが貧弱だったせいか、何かにぶつからないと止まらないんです。人やベッドにぶつかって初めて「あっ、ごめんごめん」と言って止まる。でもぶつかった反動でガイドテープのラインから外れてしまい、よく「助けてくださ〜い」となっていました。

花田 でもコンテナ系の重量物を術場に運ぶときには役立つでしょう？

高階 はい、昔はAGVにやってもらいました。でも老朽化してからは使わなくなって。今は人手でやっています。

花田 なんと。逆戻り。

高階 ロボットって、建築的に「ロボットバリアフリー」にしてあげないと効率的に動かないんですよね。人よりも意外とスペースを取るし。

花田 先日、湘南鎌倉総合病院*3に視察に行ったんですよ。自動化とか先進的なトライアルの話を聞いてきました。

高階 どうでした？

花田 さまざまな企業がいろいろな提案をしてくれるそうですが、実際に現場で使えるのは10個のうち3〜4個だそうで。

高階 やっぱり。現時点で使えるのは、掃除ロボットと全自動検体搬送＆検査装置。この技術はうまいこといってますね。あとはストレッチャーの搬送くらいかな。これは自律ロボットじゃなくてアシスト機能だけど。

花田 他業種でうまくいったものを持ってきて「病院でもいかがですか？」というケースが多いみたいですね。実際そう簡単に流用できるものは少ない。10社中2社くらいは病院用に改良品を持ってきてくれたみたいですが。

高階 産業側がもうちょっと頑張って医療現場に最適化されたロボットを開発してくれればと思います。

島田 そうですね。産業界としてはもうちょっと頑張っていかないといけません。例えば、抗がん剤のように人が運ぶと曝露の危険があるものを運搬できるようにするとか、鋼製小物のような重量物を載せられるようにする、あるいは24時間絶え間なく働けるようにするとか。本質的に、人の負担を軽減する仕組みにしないといけません。1000万円の機械でも、人を年間3人雇うより安いとなれば導入したほうがいいとなりますから。

高階 メッセンジャーのお給料も安いんです。今も時給1000円くらい。ほぼ最低賃金で張り付いています。結局、日本の失われた30年で一番安く留まったのは人件費なんです。だから結局人に頼っちゃう。安いし臨機応変に対応してくれるから。もし、この20〜30年で諸外国と同じように人件費が上がっていたら、もうちょっとロボットが普及していたと思います。

花田 同感です。少なくともアシストにはなっていたでしょうね。ストレッチャーからベッドに移し替える作業とか、絶対に腰を痛めますから。

島田 あと現場で使えそうな最新技術といえば、AI問診くらいでしょうか。

花田 そうですね。ただ、急性期病院*4ではAIも活用が難しい。一人ひとり症状も日数も経過も違うものは学習できません。同じ症状や経過の患

者さんが二度来るわけがないですから。類型化はできますが、最適化できないのでAI診療には限界があります。リハビリなどパターン化できる分野では役立ちますけどね。

高階 結局、AIって過去を学習するだけのものなんで。むしろ在庫管理とか定数管理とか、そっちで活躍してもらったほうがいいかもしれない。

花田 おっしゃるとおりです。自動化で思い出しましたが、私もちょっとだけ医療現場の効率化に貢献しました。島根大学医学部附属病院の病院再開発のお手伝いをした時、エアシューターを取り外そうという動きがあったんです。当時は書類を運ぶ装置だと思われていて、デジタル化が進む中、もう使わないだろうと思われていたのですが、専用の発泡スチロールを使えばスピッツ（試験管）や点滴用薬剤だって運べます。だから残したほうがいいと残してもらったんです。今も活用されているはずですよ。これも立派な効率化の一つと言えるかもしれません。

島田 それはすばらしいですね。

高階 でもロボットに関して言えば、そのうち出てくるような気はします。最新のAMR（自律走行搬送ロボット）は進化していて障害物を検知して回避するし、既存のカート類の下に潜って運んでくれる。近いうちに「これは便利だね」っていうロボットが出てくるんじゃないかな。そこは楽観視しています。あとは、本当は大きな病院がもうちょっと統合されていけば良いのだけどね。処理量が増えないと、機械化のメリットは出てこないので。

病院にもコスト管理が求められる時代が来た

——医療水準を維持しつつ、コスト管理もしなければならない、病院経営の難しさもありそうです。

島田 今は病院経営が本当に難しい時代です。医療行政が厳しくなって診療報酬価格も下がっているし、材料費も光熱費も人件費も上がっています。ほとんどの病院さんで、収入はデフレで支出はインフレ状態ですよ。

高階 診療報酬は横ばいで、運営費交付金も大学交付金も確実に減少傾向にあります。本当は国立大学附属病院ももっと前から経営的な取り組みをする必要があったのだけれど、経営側からコストカットしろと言われるようになったのは、最近の話です。

花田 国立大学が法人化したのは確か2004年ですよね。あれが良いタイミングだったかもしれません。でも当時はどちらかと言えば「国立大学病院はお金のことは気にせず、治すほうを頑張れ」でしたから。

高階 でも、この期に及んでやっとお尻に火がついたというか。

花田 そこへ2003年からDPC制度（1日当たりの包括評価制度）が始まっちゃったもんだから、余計にややこしくなってきた。手術代は別として、診療報酬は病気ごとの定額制みたいになって、シビアなコストカットを迫られているという話をあちこちで聞きます。地方大学病院は特に深刻ですよ。

高階 病院のコストカットと言っても人件費を減らしたり、サービス内容を減らしたりするわけにはいかないですから。結局いかに情報を上手に管理して、消耗品の資産を減らすか、無駄な買い物をしないかというのがテーマになっています。だけどこれまで話してきたとおり、そこまでデータ管理を

PROFILE

高階 雅紀（たかしな・まさき）

1960年三重県生まれ。1985年大阪大学医学部医学科卒業後、大阪府立病院麻酔科勤務。1988年大阪大学医学部附属病院麻酔科を経て、集中治療部、中央手術部を歴任。2008年より手術部副部長、MEサービス部部長。2011年大阪大学医学部附属病院病院教授に。2012年より材料部部長、サプライセンター長を兼任。2022年より手術部部長、2024年より大阪大学医学部附属病院特任教授。現職。専門分野は心臓外科麻酔、呼吸器外科麻酔、手術医学、滅菌供給、臨床工学など。

Future of Physical Distribution

上手にできる病院は多くはない。

島田 卸売りの立場からもできるだけお安くモノを提供したいと思っています。でもメーカーさん側はどちらかというと値上げ基調なので、値下げは難しいのが正直なところです。だから、全体の合理化がカギかなと思っています。先ほどもお話に出たトレーサビリティーもそうだし、病院情報システムとお金の面の整合性をつなげたり、消耗品や薬剤の回転率を調べたり。そこはスマート化しないといけないですよね。花田先生がおっしゃっていた、共同購入も手です。結局、どの病院さんも同じような医療材料を使われている部分もありますから。

高階 うちみたいな規模の大きい病院だと、多種多様なモノが必要です。でも似たり寄ったりのものがたくさんあるから集約化できるはずなんだけど、まだ上手にデータ活用できていないのが実態です。

島田 個人的には、今後はメーカーなどの企業姿勢がより問われる世の中になっていくのかなと思います。病院さんも何かモノを買うとき、株価や利益ばっかり考えている会社ではなく、公共性とか社会課題の解決に積極的な企業の商品を選ぶ。やがてそういう時代が来るのではないでしょうか。

高階 はい、そうだと思います。

データ規格の標準化は国の旗振りに期待

——国や業界団体などに期待する役割はどんなものでしょうか。

花田 やっぱりデータの規格統一ですね。今、電子カルテの共通化・標準化プロジェクトが進行していますが、でもこれからどんどん進んで行くかというと、やっぱりハードルは高い。

高階 あとGS1も。

花田 あのバーコード、共通化しないといかんですよね。厄介なのは輸入品です。今、国産薬剤はどんどん減っていて輸入品が増えているのだけれど、規格統一されていないから現場では混乱が起きています。輸入業者は元のバーコードの上に自社のラベルを貼って納品するわけですが、現場で使おうとして袋を開けると、輸入元の外国製バーコードが出てきて読み込めないという事態が起きています。

島田 官公庁の方も一生懸命頑張っておられると思うんですけど、省庁間をまたぐ問題になった途端、遅くなりますよね。先日、大雪でとある大学病院で物資が足りなくなり、大急ぎで抗がん剤を届けなければいけないことがありました。ドローンを飛ばせばすぐに届けられたのですが、許可を得るのが大変。大学病院は文部科学省の管轄で、薬剤は厚生労働省、ドローンは国土交通省ですから遅々として進まず、結局ドローンは諦めてバイク便で送ることにしました。間に合ったので良かったですが。

高階 お互いに遠慮しあっているところもあるかもね。「えっ、今ボールはあっちにあるんじゃないの?」って。

院内物流が充実すればもっと患者に向き合える

——最後に、長期的な視点から、今後の院内物流の望ましい姿とは、どういったものか教えてください。

花田 働きやすい環境をつくることが大事かなと思います。今は、夜間になれば患者さん30人に対して看護

PROFILE

島田 正司（しまだ・しょうじ）

1958年生まれ。1976年大阪市立都島工業高等学校（都市工学科）卒業後、中央コンピューター株式会社に入社。タケヤ化学工業株式会社を経て1997年小西医療器株式会社に。SPD事業立ち上げに参画し、第一世代SPDシステムを開発。2006年同社SPD事業部次長を経て2014年メディカルソリューション事業本部長に。2015年より執行役員、取締役を経て、2021年常務取締役ソリューション事業本部長に就任。現職。

師さん2～3人とかもザラですから。そこを解決するためには、DX化や効率化がカギを握ると思います。あとは、若い人でなくても働けるように、重量物を持ち上げるときにはモーターアシストを充実させるのも大事でしょうね。

高階 やはり自動化は避けて通れません。すでに風潮として出始めているけれど、ロボットバリアフリーな建築はより重要になってくるでしょう。

花田 院内物流を支える体制が充実すれば、医師も看護師も、もっと患者さんに向き合うことができます。そうすればここで働きたいという人も増えるかもしれません。逆にそこの努力を怠ると人手不足はいつまで経っても解決しないです。

高階 情報面では「今、どこに何があるのか」というデータを完全に見える化すること。病院の外の業界ではほとんど確立されているのに、医療だけ後れています。早急に何とかしないといけません。そのあと、消費情報を卸売りさんやメーカーさんにフィードバックする仕組みづくりに取り掛かるべきでしょうね。在庫を見ながら、定点まで減ったんで発注しようかという旧態の管理をしているのが実情ですから。

島田 スマート化・自動化という面では他産業に比べると後れているかもしれません。でも、そこはやっぱり安全を重視しているからですよ。病院には、患者さんはもちろん、ご家族の方もいるし、高齢の方もお子さんも妊婦さんもいますから。そういうところで、大きな自律走行ロボットを走らせるのは勇気が必要です。

高階先生「病院内で電動車イスやロボットが走るのもみんなだんだん慣れてきて、だいぶ受け入れられつつあるようにも思います」

花田 子どもさんが走ってきてロボットにぶつかっても、それは病院側の責任になりますから。

高階 確かに安全は大事です。ただ、そこに過敏になりすぎてもいけない。今、病院側は少し過剰に気にしているところがあると思います。さまざまな課題を解決するためには「この程度であれば大丈夫だ」という、ある種の線引きは必要です。心配事ばかりに目を向けて挑戦に尻込みするのは日本人の特性でもあるけど、ちょっとは妥協して、便利なものは導入していかないと、この先、労働面で医療現場は本当に厳しくなっていくと思います。

島田 それは産業界も同じかもしれません。何かに挑戦するとき、できない理由を探しがちです。ネガティブに考えるのではなく、そのハードルを越えるために何が必要か、何ができるかを考えることが大切ですよね。医師不足、看護師不足は本当に深刻です。でも医療体制は維持していかなければならない。われわれとしては、そこの受け皿になっていきたいと思っています。

高階 病院側はどこも本当に困っていて、産業界のさまざまな提案を期待しています。医療従事者の身からすると、今いろいろなビジネスチャンスが来ていると思うので、ぜひ。

――**本日はありがとうございました。**

＊1 Supply Processing & Distributionの略。医療材料から薬剤、消耗品まで一括管理できる院内物流管理システム。

＊2 点滴などの開始・終了時、廃棄時に誤って使用済み注射針を自分の指に刺してしまう事故のこと。意外に多い事故の一つ。

＊3 医療現場の課題解決のためにロボットやIoTシステムを積極的に導入している病院。

＊4 緊急性が高い患者や重症患者を受け入れ、高度医療を行う病院。

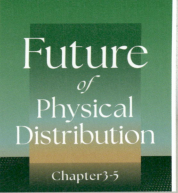

Future of Physical Distribution
Chapter 3-5

Chapter 3-5 | Taisuke Yukishige × Hiroyoshi Ninoyu × Kouji Tsukushi × Futoshi Nakajo

【物流が抱える本質的な課題とは?】
待遇改善と賢い運び方が物流危機から日本を救う

ドライバーの労働環境や待遇の悪化によって、物流の現場では深刻な人手不足に陥っている。
運賃価格の引き上げや共同配送、自動運転などの解決策が模索されているが、まだ課題は多い。
物流コンソーシアム（P113参照）のメンバーでもある自動車部品メーカーとビールメーカー、飲食チェーン店、
ソリューション提供会社の4社にお集まりいただき、日本の物流が抱える課題について話し合っていただいた。

Photo: Takafumi Matsumura　Text: Daisuke Ando

幸重 太亮
株式会社吉野家ホールディングス
グループ商品本部 商品統括部
部長

二之夕 裕美
株式会社東海理化
代表取締役社長

筑紫 浩二
アサヒビール株式会社
生産本部 物流システム部長 理事

中條 太
NEXT Logistics Japan 株式会社
幹線輸送事業本部長

―― 日々の事業活動の中で物流危機を実感することはありますか。

二之夕 物流危機と言うと多くの人は「2024年問題」を思い浮かべるでしょう。2024年問題という言い方をすると、最近生じた危機みたいな印象になりますが、実際にはドライバー不足問題はかなり以前から始まっています。原因はたくさん考えられますが、一番大きいのはやはり「運賃の低下」でしょう。昔『トラック野郎』という映画がありました。そこで描写されているように、トラックドライバーというのは長時間労働だけど、ものすごい高給取りだったんです。しかし過度な値下げ競争でどんどん給料が下がり、今では儲からない仕事になってしまった。それで辞める人が増えて、若い人がドライバーという仕事を選ばなくなったわけです。それでも残業をして何とか食いつないでいたのに、今回の物流法の改正で残業まで規制されてしまった。これではもう、誰もやりたがりません。

幸重 運び手不足はかなり深刻な問題ですね。私たち吉野家ホールディングスではコロナ禍以降、数年ぶりに出店数の拡大を目指しています。少し前であれば「いいですね。新店舗への配送はぜひウチで」と物流会社さんに言っていただけましたが、今は「えっ、増えるんですか。ドライバーの手配どうしようかな……」と考え込まれるケースが増えています。いずれ近い将来、「お店に計画どおりにモノが入ってこない」という事態が容易に起きる。そんな危機感を持っています。

筑紫 私たちアサヒグループもまったく同じで、ドライバー不足は深刻な問題として捉えています。2024年4月以降、現場からは運行管理面で苦慮する声が上がっていますし、倉庫などでも問題が起きています。エリアによっては離職率が高く人が定着しないため「技術が熟練しない」と聞いたことがあります。そのため以前に比べて、フォークリフト作業での破損事故などが起きるようになったと聞きます。ま

Future of
Physical
Distribution

だ、一部のエリアでの問題ですが、今後少子化が進めば日本全国どこでも起きうる問題だと思っています。

——運ぶ側のお立場として、NEXT Logistics Japan（以下、NLJ）の中條さんはどう感じていますか。

中條 二之夕さんが指摘されたとおり、残業規制がドライバー不足に拍車をかけたと感じています。働き方改革により年間の残業時間は960時間に制限されました。いざふたを開けてみると同業他社さんからは「12月までに残業時間を使い果たしてしまう」という声を頻繁に聞きます。年末年始などの繁忙期は特に大変で、「おせちが正月に届かない」「元日にクリスマスケーキを食べることになる」という事態が本当に起こる。そんな危機感がつねにあります。

幸重 年末年始に厳しいことになるという声は私もよく聞きます。法規制は変わったけど、現場の変化はあまり感じ取れません。2024年から残業時間をカウントするようになっただけで、おそらく2023年も数えていたら年末には960時間を超えていたはずですよね。

中條 残業時間が規制されることをご存じない荷主さんも、意外に多いですね。そのため積載率が低い状態で1日に何往復もしたり、荷待ち問題が解消されなかったり。そのつど説明していますが、「事情はわかったけど、じゃあウチは具体的にどうすればいいの？」となってしまいます。

二之夕 人手不足解消のために、海外でリクルーティングする会社さんも増えています。それでも追いつかず、70歳以上の方に運転をお願いせざるをえないのが実情です。それに円安が続けば、海外の人にとって日本の仕事は魅力的でなくなる。本当に大変なの

はこれからですよ。

ドライバーの待遇改善に向けて荷主側ができること

——ドライバーの賃金を上げるには、荷主側の努力が必要なのでしょうか。

二之夕 今は多くの会社さんが運賃を上げるようになりました。私たち東海理化も、2023年に始まった賃上げの時に輸送費の引き上げを行いました。業界では結構上げたほうだと思います。

筑紫 当社も一定数上げました。でもすべての人が満足するレベルとなるかというと……。

幸重 当社も同様です。それ以前に、荷主としてどこまで運賃が行き渡っているかは調べるのも難しいですよね。実際には、ラストワンマイルを担ってもらっている再委託先、再々委託先の会社さんほど苦しそうですし、廃業される方も増えていると聞きます。

二之夕 運送業界も製造業と同じでTier[*1]が下がるに従ってお給料に差が出るんですよね。Tier2は、Tier1が受けた金額の何割かで仕事をしなければならず、Tier3になればさらにその何割か。Tier1のドライバーは、わりと良いお給料をもらっているはずです。

幸重 Tier1に「ちゃんと行き渡ったか教えてくれ」とは言えないです。

筑紫 教えてもらって「あ、行き渡ってないな」とわかったところで、どうすることもできないですし。

二之夕 今回、運賃を上げるにあたって、運送会社に条件を出したんです

PROFILE

二之夕 裕美（にのゆ・ひろよし）

1962年三重県生まれ。1984年トヨタ自動車株式会社に入社。生産調査部主査、生産管理部生産調査室室長、グローバル生産推進センター部長などを経て、2015年常務理事に就任。元町工場工場長、TPS推進センター部長、生産管理本部物流領域領域長、高岡工場工場長を経て、2017年常務役員に。同年生産企画本部本部長、GAZOO Racing Company生産担当、2018年車両系工場担当を務めたのち、2020年株式会社東海理化副社長に。同年代表取締役社長に就任。現職。

よ。それは「社員やドライバーの給料を5%上げること」。そういう約束をしてもらいました。ただ、どこまで行き渡ったか、きちんと把握するのは簡単じゃありません。

筑紫 今の多重下請け構造と言われているものをやめたときにどうなるかも不安。特に当社みたいに季節波動が大きい業界は、どうなるのか心配です。

二之夕 ビールは夏と冬で消費量が違いそうですもんね。

筑紫 そうなんです。だから、自グループで確保しているトラックだけで配送するのは難しく、協力いただける運送会社さんにスポット的にお願いしているのが現状です。

幸重 当社も今、日本全国に1700店舗くらい持っていて、配送センター自体は9ヵ所でやっています。地域によっては地方の業者さんに、委託・再委託の形で頼まざるをえないのが実情です。

二之夕 なぜだろう。物流費って、ちょっと外に置かれていますよね。例えば「円安で材料費が上がりました」「エネルギー価格が上がりました」だと価格転嫁はしやすい。けど「物流費が上がりました」という理由での値上げは難しい。つい最近、一部の自動車会社さんはようやく認め始めましたが、全体ではまだまだですよ。

中條 本来、商品価格って原価から始まって、人件費とかいろいろ積み上げられ、最後のほうに運賃が乗って最終価格が決まる仕組みですよね。そういう意味では、本来は運ぶ側も「A地点からB地点に運ぶのにいくら

PROFILE

幸重 太亮（ゆきしげ・たいすけ）

1971年大分県生まれ。早稲田大学中退。1995年株式会社吉野家ディーアンドシーに入社。営業部や人事部で店長・エリアマネジャーやインストラクター業務を経験。2012年よりグループ商品本部に配属、グループ会社との調整や社内物流などの業務に携わる。2018年よりグループ商品本部商品統括部部長に。

必要」とか「ドライバーのレートはこれくらい」「持続可能な形にするにはトータルでいくら必要です」と、しっかりと構造を理解したうえで明細をつくる必要があると思います。そのうえで荷主さんに理解を求めていく必要があるのですが、どこまでできているかというと、残念ながら……ですね。

幸重 それは多分荷主側も同じです。メーカー側にも、物流会社さんとの関係を維持・継続するための適正価格なのか、ちゃんと見極める責任があると思います。でも「送料無料」みたいに、どこかで誰かにのみ込ませている部分もあるかもしれません。

筑紫 確かに物流コストって吸収しがちですよね。でも、荷主も含めて運送会社や卸、小売りのどこかが一方的に負担するというのはおかしな話ですよ。

二之夕 これまで荷主側はコスト削減が第一で、運送側も仕事があるなら安くてもいいという時代が長かった。それが変な価格競争を助長してきた面もあるでしょうね。

中條 実は最近、そういうスポット案件が増えてきています。バラ積みだったり、待機時間が長かったり、運賃が安かったり。そういう、誰もやりたがらない案件が流れてきます。物流業者が荷主を選ぶ時代は、確かに来ているのかもしれません。

筑紫 条件が悪いから、こぼれてくるんだ。

二之夕 そういうのって、たまに聞くけど結局どうなるの？

中條 「消費者の元に届かないのはまずい」ということで、使命感のある業者さんがやったりします。立派な使命感なのですが、それが甘えにつながるというか、価格を押し下げているところもあって、難しい問題です。

幸重 持続的ではないですよね。

二之夕 運送会社が「もう、あなたの会社の仕事はやりません」と言えるようになれば、ドライバーの待遇も含めて正常化していくかもしれない。昔、

Future of Physical Distribution

PROFILE

筑紫 浩二（つくし・こうじ）

1966年埼玉県生まれ。1990年成城大学法学部卒業後、アサヒビール株式会社に入社。入社当初より、物流部門に配属。社内外のさまざまなPJ案件を経験。2021年より、同社生産本部物流システム部長理事に。

エンジニアとか技術者の給料が安すぎるという問題があったけれど、人材獲得競争が激化したら給料はあっという間に上がっていったことがありました。今回の2024年問題をきっかけに、運送業界でも同じことが起きるかもしれない。何か問題が発生して深刻化しないと社会全体が動き出さないのは、日本の悪いところだけどね。

自動化や地産地消、混載など「賢い運び方」が求められる

幸重 そういうこともあって、2022年くらいから、社内では「良い荷主を目指そう」という話をしています。

筑紫 あっ、うちもまったく同じですよ。グループ内で「選ばれる荷主になりましょう」とよく言っています。あと、「地産地消」というキーワードも出てきています。運ぶ距離を短く、なるべく動かさないようにしよう、という話で、生産部門との連携が欠かせません。

二之夕 消費財の世界でよくあることなんだけれど、機能がほとんど同じ類似商品のAとBがあったとして、東北でAを、関西でBを製造して、それぞれ全国に配送していたりします。で、ある時、工場を視察した方が「なんだ、関西の人はAを使わないのか？」と言ったので、メーカー担当者は「いえ、半々ですよ」と答えた。「じゃあ、なぜこんな作り方をしているんだ。遠くで製造したら運ばざるをえないじゃないか。東北と関西で半分ずつ製造すればいいじゃないか」と指摘したそうです。製造に携わる人間として、やはり理想とするのは「物を運ばない社会」だよね。なるべく近いところで作り、近いところで消費してもらう。ただ、それでも運ばなきゃいけないものはあって、そこは「賢い運び方」をしなければいけない。

幸重 そこはまさに中條さんがやっているところですよね。

二之夕 NLJさんのダブル連結トラックは本当にすごい。これまで2台2人で運んでいたものが2台1人で運べるようになって、しかも業界の垣根を越えた共同輸送を実現しているわけだから*2。本当にすばらしいアイデアです。いよいよ新しい世界に入ってきたなと思っています。

中條 ありがとうございます。できるだけ少ないドライバーで、できるだけ多くの荷物を運ぶために、いま仕組みづくりに取り組んでいるところです。

二之夕 生産性の向上はやっぱり大きなテーマで、私たちはずっと「トヨタ生産方式」でものづくりをしてきました。トヨタ生産方式の歴史って詰まるところ、物流改善の歴史そのものなんです。いかに物を溜めずにうまく運ぶか。それが全体のペースメーカーになります。だから工場内の物流に関してはAGV（無人搬送車）を導入したり、日々自動化・省人化を進めています。今はまだ人の手でやらざるをえない箇所もありますが、ゆくゆくはこういったところもロボットに変えていきたいと思っています。

筑紫 私たちも、扱っている商品が重量物ですから省人化・自動化を進めています。出荷の際にはトラックローダーでパレット20枚をバサッとトラックに積んだり。ピッキングもパレットに8函（1段）くらいなら自動でピッキングできるようになっています。

二之夕 調達物流にしても納入物流にしても社外が関わるところは、自動化がなかなか難しい。パレット規格の問題もあるしね。そこは積載率やトラックのダイヤ運行などで効率化を進

める必要があると思っています。

中條 さらなる生産性の向上は当社でも大きな課題になっています。幹線輸送でも、行きは満載でも帰りがカラに近いということが起きていますから、仲間づくりを含めて枠組みの拡大がまだまだ必要だと思っています。

共同配送などの連携でカギを握るのは運送会社

―― 他社との協調という観点では、皆さんいかがでしょうか。

幸重 個社でできることは限界がありますし、物流に関しては同業他社とも手に手をとってやっていきたいという心意気は非常に強く持っています。でも、実際には越えるべきハードルは高く、たくさんあるとも思っています。例えば、当社主導で共同配送を提案したとします。すると当社の物流センターに他社のPB品が入ることになります。もし逆の立場なら、ラインナップや数量などの情報が他社に見えてしまうのは、やはり容認しづらいですよ。

二之夕 うん、そのとおり。

幸重 現状では、少なくとも片道は満載で運べる状況にありますし、わざわざ一緒にやらなくても、というのが正直なところです。多分、他社さんも同じだと思います。そういう意味では、ビール業界は同業者さんは、かなり早くから共同配送に取り組まれていてすごいな、と感じています。

筑紫 2010年くらいから「競争と協調」といった機運が生まれています。個社で解決しきれないことは複数社で取り組んでいこうという感じで。ただ、これまた厳しいのが、やっぱりピークが同じなのですよね。

幸重 それはそうですね。

筑紫 だから協調できるところと難しいところがあり、課題はいっぱいありますよ。私もキリンさんとの共同配送はスタートの時から関わっていますが、協調できることは何があるか、アイデアを出すのに時間がかかりました。それでも「やらないよりはやったほうがいい。一つずつステップアップしていこう」という思いは、共通していると感じます。

中條 季節性の波動によるばらつきはやはり異業種での組み合わせで平準化するのが一番だと思います。行きと帰りのマッチングも同様です。A社さんは上りの荷物が多いけど下りは少ない。B社さんはその逆ということはよくありますし、そこを協調することで生産性が上げられると感じています。最近は横のつながりも広がっていて、荷主さんから別の荷主さんをご紹介いただくことも増えています。

幸重 できれば当社も共同配送はやりたいんです。でも、うちの業界は物流面での横のつながりが薄いです。そういう意味では運送会社からの提案待ちというのはあるかもしれません。

二之夕 確かに。うちもそうだ。

幸重 以前、とある物流センターを視察したとき、当社の商品と他社の商品が並んで積まれているのを見ました。そこで初めて知ったのですが、同じ包材を使っていたんですよ。配送先も近くでした。だけどその物流センターでは別々に保管して、別便で納品していたのです。そういう現状を目の当たりにすると、やはり「一緒に運ん

左から幸重さん、二之夕さん、筑紫さん、中條さん。会場は浅草にあるアサヒグループホールディングス株式会社の会議室をお借りした。

Future of Physical Distribution

じゃったほうが早いよ」と思います。

二之夕 自動車業界では、自分たちでやったほうが良いところと、他社に提案してもらったほうが良い部分の2つがあります。同業他社との連携は当事者同士でやったほうがいい。お互いにある程度の情報を持っているから「やらない?」と相談を持ちかけやすい。だけど、異業種になると途端にわからなくなる。そこは別の会社さんに提案してもらわないとダメです。

幸重 情報を最も把握しているのは物流会社さんですから「どんどん提案してきてくださいよ」という気持ちは正直あります。私たちはつねに、飛び乗る準備ができてますよ(笑)。

二之夕 ただね、既存の運送会社には、提案する機運がまだないようにも思います。それはもしかしたら「提案してもどうせ聞いてくれないから」「昔からそうだから」と思わせている私たち荷主のせいかもしれない。物流会社さんが「こういう話はどうですか」と言える環境・雰囲気をつくっていく必要があるでしょうね。

中條 NLJでもそこは一番の課題だと思っていまして、今、オープンプラットフォームの開発に取り組んでいます。荷主さんが輸送データをアップロードすると「NeLOSS」というシステムが量子コンピューターを使って最適な輸送計画を算出する仕組みです。

二之夕 うん、あれは面白い。最終的にはビッグデータとかを使って、どんなモノがどんなルートでどれだけ動いているかを、空から見るようにリアルタイムで可視化できれば一番いいよね。

中條 現在はダブル連結トラックでの混載に活用していますが、ゆくゆくは自動運転トラックにもつながっていくと考えています。こうしたデータが集まると輸送の線の集合体が見えて、有効な物流拠点の場所や、どこでドライバーが乗ればいいか、どこに配置すればいいかが日本国内全体で見えてきます。近い将来、自動運転が社会実装されても、1日7時間しか走っていないとか帰りの荷台がカラだったりすると本末転倒ですから。こういうところでも役立てていきたいですね。

業界をまとめて、引っ張る次世代リーダーが必要

二之夕 やっぱり最後は、やる気のあるリーダーがいるかどうかですよ。

筑紫 そう思います。

二之夕 ただ私は2つのリーダーが必要だと思っていて、一つは、物流現場の状況や事情をちゃんと理解したうえで実際に手を動かせる人。これは業界団体の人とか、あるいは中條さんみたいに、異業種を束ねられる人がいい。NLJさんって今、何社くらいの株主が集まっているんだっけ?

中條 今は25社[*3]です。もっと増やしたいと思っています。

二之夕 25社でも大したものですよ。だけどあくまでも業界の中にいる人だから、おそらくどこかでハンドルしきれない部分が出てくると思います。そこで必要になるのが、もう一つのリーダーです。同業者が集まって小さな利害に汲々とし始めたときに、第三者が「何を言っとるんですか。もっと大きな視点でやらないとダメでしょう」と活を入れる人。Make it happenというか、何かが起こるきっかけをつくる人です。これはどちらかというと、行政側に期待したい。この両者がそろえば、日本は大きく動きますよ。

幸重 今は都市部はともかく、特に地方では共同で何かをしないとかな

PROFILE

中條 太(なかじょう・ふとし)

1983年長野県生まれ。2016年に日野自動車株式会社に入社し、調達部にて部品のバイヤー業務を経験。同社の社内公募にて2020年4月よりNEXT Logistics Japan株式会社へ出向。2024年4月より幹線輸送事業本部長に就任し、これからも"当たり前に"届く安心のために、幹線輸送の省人化や効率化、参加企業の拡大を手がける。現職。

り効率が悪い、というところに達しつつあります。物流の世界の中ではまだ仕組み化されていない部分がたくさんありますから、そこを変えるだけでも随分良くなるんだろうなと思います。そのためにはやっぱり、旗を振るというか、ビジョンを提示して、実現のために必要なことを整理する人が必要かなと思います。

筑紫 先ほどのデータ化の話は、私たちの業界でもとても重要だと思っていて、今、経済産業省が中心となってデータの可視化に取り組んでいます。「製・配・販連携協議会」や「フィジカルインターネット実現会議」でも、日用品や雑貨、加工食品、酒類、飲料などは共通のマスターをつくってデータを可視化していく方向ですし、他にも商習慣の改善、物流効率化の仕組み、細かいところでは納品伝票の電子化まで、さまざまな話が出ています。ただ、物流の話だけが中心になりすぎると「物流だけが苦しんでいるわけではないよね？」という話に……。

二之夕 なるね。

筑紫 なので物流だけではなく、調達、生産といったSCM全体で最善の方法を考えていく必要があります。以前に比べれば、物流が大切だという認識は広まっていますが、物流の問題点を強調するだけでは誰も味方についてくれないので、志を同じくする人たちで解決に取り組むことも大事。

中條 国が引っ張ってくれるなら、それが一番強いです。そうでなければ会社間で連携するしかありません。でも2社間ではどっちが得をするとかの

中條「物流業界はいろいろな課題を抱えていますが、この大変な時期にたくさんの改革・改善の仕事に携われるのは、ある意味ラッキーだなと思っています」

反応が出やすいのも事実です。やはり共通の課題に対して同じ危機感や志を抱いている者同士が集まってコンソーシアムを組んだり、解決に取り組むことが大事ですよね。そうなると、いろいろなことが解決に向かって進んでいくのかなと思います。

筑紫 協調をするとき、両方とも同じ取り分の利益を得ようとか、自社だけでも何かのメリットを確実に享受しようとかなると続かないんです。業界全体や日本全体を少しでも良くしていこうという気持ちが大切で、仮に自社の良くなる部分が1％でも、「やらないよりやったほうが絶対に良い。効果があるよね」とお互いが心から思える関係じゃないとうまくいきません。

幸重 おっしゃるとおりです。ただ、そのためにも、荷主側もリーダーとなる人材を育てていかないといけないか

もしれませんね。

筑紫 人を育てながら、小さなことでもいいから、少し良い未来を目指してちょっとずつ取り組んでいくしかない。一つひとつは部分最適かもしれないけれど、日本全国をいきなり全体最適にするのは無理だから、徐々に増やしながら全体最適につなげていくしかないんじゃないかな。

二之夕 まずは小さい渦を起こさないと大きな渦にならない。

筑紫 志って、きっとそういうことなのかなって思います。

——本日はありがとうございました。

＊1 自動車メーカーに直接納入するサプライヤーのこと。一次下請けを「Tier1（ワン）」と呼び、二次請け、三次請けをTier2、Tier3という。
＊2 NLJの取り組みについてはP072-077参照。
＊3 2024年11月時点。

Chapter 3-6 | Shoji Shimada × Satoshi Yano × Akinobu Iseki × Shigetoshi Watabe

【物流変革のためにできること】
業界を超えた横のつながりを強化して危機を乗り越える

ドライバー不足や多重下請け構造、進まないDXなど、発荷主から着荷主にいたるまで、
日本のトップ企業は現状の物流が抱える問題に対してどう向き合っているのか。
物流コンソーシアム（P113参照）に参加している4社にお集まりいただき、
現状の課題と解決策、日本の物流が向かうべき未来について語っていただいた。

Photo: Takafumi Matsumura　Text: Daisuke Ando

島田 正司
小西医療器株式会社
常務取締役
メディカルソリューション事業本部長

×

矢野 覚士
ソフトバンクロボティクス株式会社
ロジスティクス事業本部 事業推進統括部
事業開発部 事業企画課 課長

×

井石 明伸
アサヒグループジャパン株式会社
ロジスティクス戦略部 部長

×

渡部 繁年
株式会社吉野家ホールディングス
グループ商品本部 商品統括部
物流担当

──現在の日本の物流には、どんな課題があると感じていますか。

渡部　少しずつ認知されてきたものの、物流の問題は依然として、限られた人にしか認識されていない。そのように感じています。私は現在、吉野家ホールディングスで物流管理を担当しています。私はこの仕事に就いて5年弱くらいで、以前は新店舗の立ち上げなども経験していました。店舗サイドにいる時は、荷物が届いて当たり前。「定時に来ない」「頼んだものが来ない」というのは非常にストレスでした。でも物流担当になった今、当時の自分がいかに物流サイドに負担をかけていたかがわかります。私たちが

扱うのは食べ物ですから季節性の波動があって突然、特定のメニューがポンと売れ出すこともあります。現場はお店をまわすので手一杯ですから、過不足の問題については無意識のうちに押し付けていた部分がありました。今となっては、あの時の物流担当者に謝りたいくらいです。

──確かに、物流は少し変わったポジションという意識はあるかもしれませんね。販売と物流の両方を担う小西医療器の島田さんはいかがですか。

島田　私たちは医療関係で、皆さんとはちょっと業界が異なります。主なお客様は病院で、注射器やマスク、手袋の販売から機器メンテナンス、

DX化も含めたシステムソリューションの提案まで幅広く行っています。地域密着で、24時間365日、医療の後方支援を担っています。確かに、私たちの会社でも医療現場の矛盾を引き受けることは多々あります。夜中に電話がかかってきて、急な手術のために安価な材料をお届けしたこともありました。でも明け方に先生や患者さんの家族の方から「ありがとう。おかげで助かりました」という一言をいただいて、寝ずに頑張ってよかったという達成感があります。そういう使命感で頑張る人が多い業界です。ところが、近年はそれが崩れつつあります。外資系の参入や代理店、卸売業者の増加などによって、効率化重視に転

107

Future of Physical Distribution

換しつつあります。営業と物流全体の集約化などが求められるなど、大きな節目にさしかかっていると感じています。

未解決の矛盾が物流現場で集約され、シワ寄せになる

——物流の自動化ソリューションを手がけられているお立場から、矢野さんはいかがでしょうか。

矢野 はい。外から見ていて感じるのは「いろいろな工程で生まれた矛盾が物流に集約されているのではないか」ということですね。例えば、サプライチェーンの中に生産や販売、卸売業者、小売店舗とあり、どこかで「ここは特別にこうしてほしい」と小さなお願いが発生したとします。誰かが解決しなければならないけど、解決できずに次へ次へと渡されていく。やがて未解決のまま荷物と一緒に物流倉庫などにたどりつき、「もう時間もないし、頑張って何とかしてくれ」とシワ寄せがいってしまう。そういうことが起きているのかなと感じます。

井石 おっしゃるとおりです。昔ある小売店さんから「販売戦略のためにダンボールをくりぬく加工をしたい。こちらの指定した状態にくりぬいて運んでくれないか」と言われたことがあります。さすがにそれは難しいのでお断りしました。

島田 そんなことがあったんですか。

井石 特殊なケースですけど。

矢野 多分、小売店の人も頭では「ドライバーにやらせるのはまずい」とわかってるはずです。でも誰かがやらなきゃいけない。そこを物流が何とかしてくれた。そのあとが問題で、「良かった。この件は終わり」と片付けているケースが多いように思います。

程よく諦めることが物流の負担軽減につながる

井石 本当にそのとおりです。ただ、一時期に比べると現場のことを配慮いただける環境になってきました。先日、千葉県に大型台風が上陸したとき、会社として千葉県への配送を諦めました。一昔前なら「頑張って行け」だったと思います。

渡部 そこに踏み切れたのはすごいですよね。当社でもまさに、そこは議論しているところです。かつては24時間営業だったこともあり、伝統的な教えとして「店の火を絶やすな」というのがあります。でも、時代の変化に合わせてちょっとずつ変えていこうという動きが出てきています。

井石 東日本大震災から変わってきた印象です。災害時にコンビニの棚が空になっていても「しょうがないよね」となってきた感はあります。

矢野 一方で、平常時となると、日本人は良くも悪くも諦めが悪いところがあって、ダンボール箱がちょっとでもへこんでいると、すぐに返品しますよね。物流会社からすれば「それくらいいいじゃん」だと思いますが。

そのあたりも程よく諦めることができれば、物流の負担はもう少し軽くなるかもしれませんね。

ドライバーに対価が届く仕組みづくりが大切

——人命に関わる医療分野は自然災害が起きても運ばなければならず、小西医療器さんは苦労されているのではないでしょうか。

島田 そうですね。ある程度は仕方がないと思います。私たちは地域産業的なところがあって、他の業界に比べると物流センターや大きな倉庫で在

PROFILE

渡部 繁年（わたべ・しげとし）

1976年東京都生まれ。1998年東洋大学経営学部卒業。2002年、株式会社吉野家に入社。営業部で店長やエリアマネジャーといった業務を経験。2020年より株式会社吉野家ホールディングスグループ商品本部商品統括部物流担当に。現職。物流品質の向上、取引先とのコミュニケーションやスケジュール調整、在庫管理等の業務を実施。

庫を持つという体制づくりは遅れていました。毎日減った分を手作業でチェックしてメーカーさんに発注するという感じでしたが、現会長の小西賢三がBCP（事業継続計画）対策も含めて、医療機器卸売業界で先駆けて物流センターを設立しました。医療業界ではかなり早いほうでしたが、そこからようやく在庫管理が始まった感じです。そして、2021年に最新マテハン機器を導入し、DX化を駆使したSPD（院内医療材料物流）拠点（大阪ソリューションセンター）を竣工いたしました。コロナ禍のときにはそれはもう、えらい目に遭いましたが、センターのおかげで在庫不足を比較的最小限に抑えて安定供給できました。現在は本社とは別にロジスティクスの会社をつくり、自分たちのトラック1台で運ぶようにしています。

井石 ドライバーもみんな、御社の社員ですか。

島田 はい。そうです。みんな社員として雇っています。

井石 求人採用の難しさはありますか。

島田 ありますね。ただ、人の命に直結する物流ということで、社会に貢献しているという高いモチベーションを持つ人が多いんです。「この注射器1本で、1人の命が助かるんだ」と。一方で「もし間に合わなかったら……」というプレッシャーもありますが、それでも社員は毎日頑張ってくれています。ですから、できるだけ昇給や昇進といった形で報いていきたいと思っています。実際、パートから契約社員、正社員になって今は管理職をやってい

矢野さん「冷静に考えみると『明日届かないとマズいもの』ってそんなに多くない。そこを諦めれば、物流はかなり楽になるはず」

る人もいますよ。

井石 すべて社員の方で対応されていると、現場で何が起きているかを把握できるのですばらしいですね。当社の場合、アサヒロジというグループ会社を抱えていますので、ここから協力会社さんに業務委託して配送するという形態をとっています。2019年からは協力会社さんの負担を軽減するために「D2」というやり方を導入しました。リードタイムを1日延ばす取り組みです。売れ行きや在庫予測のところでは、基本的にお客様のところで売れた分だけを注文をもらう形をとって、なるべく無理や無駄を減らすよう努めています。

渡部 当社も、吉野家という店舗は全国津々浦々にありますので、その配送を1社で賄うには限界があり、地元企業さんに協力いただく必要があります。物流業界の課題として多重下請け構造が指摘されることがありますが、本質的に重要なのは構造自体ではなく、ちゃんと皆さんに利益が回るかどうかだと思います。すべてのドライバーさんまで厳密に調べるのは難しいですが、大元の配送会社さんとは月2回程度のミーティングを設けて「何か困っていることはありませんか」と頻繁にお声がけして、問題があればすぐに解決するようにしています。

井石 私たちも荷主としてアサヒロジと毎日コミュニケーションを取り、運送会社さんからの値上げになるべく応じるよう伝えています。今回の物流関連二法の改正で国が本気で動き始め

109

Future of Physical Distribution

ているのは感じますし、本質的な問題解決として私たちも適切な対価をお支払いし、それがドライバーさんの手元まで届く仕組みを考えていかないといけません。そのためにはやはり、私たちが現場の声を吸い上げていくことが重要かなと思います。

矢野 そのあたりは、企業によって濃淡が分かれますよね。物流のことをしっかり考えている企業さんほど危機感が強い印象です。一方で切迫感が薄い会社さんは「人手不足、大変ですよね」と聞いても「さあ、倉庫内業務まで3PL（サード・パーティ・ロジスティクス）業者に丸投げしているからよくわかりません」と答えてきます。個人的には、物流はどんな会社にとっても生命線だと思うのですが、随分違うなと感じます。

井石 メーカーの立場からすると、社内の機能はどんなものであれ必要なわけで、丸投げしていい機能なんてないと個人的には思っています。けれど、人件費の問題とか固定費圧縮とか、その瞬間での経営判断が行われることもあります。

日本の物流は気合と根性で成り立ってきた部分がある

——ドライバーの休日出勤や緊急対応も大きな課題になっています。そのあたりはいかがでしょうか。

島田 私たちは院内物流を含めた委託を受けていて契約内容にもよりますが、土日祝の3連休などはちゃんと休むようにしています。もちろん、物が

PROFILE

矢野 覚士（やの・さとし）

1984年大阪府生まれ。2006年亜細亜大学経営学部卒業。IT企業の法人営業を経て2016年よりソフトバンクロボティクス株式会社に参画。ヒューマノイドロボットの事業開発担当を経て物流事業の立ち上げに参画。グループ会社でのフルフィルメントサービスの営業・企画・マーケティングを経て、その後ソフトバンクロボティクスの物流自動化事業・AutoStore事業の事業企画を担当。マーケティング活動・ソリューション企画・法人営業等幅広い業務に従事。

不足しないようにしてからです。祝日に手術が入ることもあり、どうしても休日出勤しなければならないこともあります。当社もそんなに余裕のある配置ができているわけではないのでいつもギリギリですが、そこは出勤してもらい、後日代休を取ってもらうなどして対応しています。

渡部 災害時も含めて、ある程度の緊急対応は、現場としては仕方がないこともありますよね。先日北海道で扱っている商品に品質異常が発生したことがありました。仕入れ担当からは「この時間だと持って行く方法がない」と言われたのですが、「お店に商品が届かないことがあってはならない」と代々教えられていますので、軽トラックのドライバーにちょっと金額をかけて頑張って届けていただいたことがあります。

矢野 ただ、渡部さんが最初におっしゃっていた季節性とか波動の話もそうですが、緊急出荷や倉庫内の流通加工などで突発的な事態が起きたと

き、結局、一番柔軟に対応できるのは人間なんですよね。でも、実はそれが自動化を阻害する要因の一つだったりします。自動化とはすなわち、人に依存しない環境をつくることで、そのカギを握るのは「業務の標準化」です。どんなに高性能ロボットでも標準化されていない作業はできません。ですから本当に自動化を行うには、すべての業務工程を標準化する必要があります。ところが実際の現場では、突発的な事態が起きることは避けられません。現状それを解決できるのは人しかない。すると、どこかで「何かあったらマンパワーで解決すればいい」という意識が生まれます。このメンタリティーが、標準化を妨げる要因になっています。

井石 日本の物流ってどこか気合と根性でやってきて、それで成立していた部分があったと思います。物流会社さんもみんな、働き方改革が大事なのはわかっています。でも実際には商習慣なども含めて、それではうまくい

かないから仕方なくやっていました。そのシワ寄せをきちんと整理していくことが大切です。

DX化やロボット化は物流の課題を解決できるか

渡部 システム面での課題もありますよね。物流はいろんな業態のいろんな会社が関わる業務ですから、それぞれのシステムの違いはボトルネックになります。うちのグループ内でも複数のシステムが動いているくらいですから、新たに物流会社を取り込もうと思ってもそこで引っかかったりします。今後、システム連携も含めて、どうやって委託先の負荷を下げるか、まさに今、考えながら取り組んでいるところです。

井石 DX化やロボット化は本当に難しい課題です。近い将来、倉庫や配送の人材が不足することは間違いありません。だからロボット化やDX化で生産性を上げる必要がある。それは

わかっています。でも、現状では費用がかかりすぎるという問題もあります。

矢野 いつ始めるかというのも難しくないですか。

井石 そうなんです。今やらないといけないことはわかっています。でも実際には、現状時給1500円の人3人でできている作業を自動化する場合、想定以上の費用がかかり、費用対効果が見合わないケースが非常に多くあります。

矢野 日本だと倉庫内労働者の時給は1500円くらいですが、アメリカだと2～3倍。欧州だと3～4倍というデータもあります。その結果、海外だと1～3年で投資回収ができる事例もありますが、日本の場合はその数倍かかる計算になります。しかも日本人は時給が低いのにパフォーマンスは高い。いつかやらなければいけないけど、どうしようかな、みたいな難しい状況ですよね。費用と投資回収期間のところはおっしゃるとおりで、当然私たちも安くできればと思っています。今、

ファイナンススキームも含めて、セットで提供できないか模索しているところです。

運ぶ人がいなくなる。その未来がもう見えている

——でも、労働人口の減少を自動化やロボット化で補う前に、現場での人手不足が深刻化しそうですね。

渡部 そう思います。吉野家の場合、全国的ではないですが、一部の地域で深刻な事例が発生しています。

島田 「この金額では難しい」と。

渡部 というより「もうできません」ですね。

井石 費用次第ではご対応いただける業者もいたが、今はもうお金の問題じゃない。そういうことですよね。

渡部 そうです。「もうそのルートを走っていません」と言われてしまいます。今はまだレアケースですが、いずれ増えていくと思っています。

井石 今後はパートナーさんやドライバーさんにこの仕事を魅力的な仕事だと思っていただくことが必要です。例えば、行きだけでなく帰りの荷物なども含めて委託するのも一つの手でしょう。そのためには個社だけでは無理で、さまざまな企業さんと連携するのが不可欠。現在、効率的な共同輸送や混載の道を模索しているところです。

島田 医療業界は法規制などの問題もあり、共同物流の動きは後れています。ただ、商環境は他業界の運送会社さんと同じようにあまり良くないで

PROFILE

井石 明伸（いせき・あきのぶ）

1975年東京都生まれ。1999年早稲田大学理工学部卒業後、アサヒビール株式会社に入社。アサヒビジネスソリューションズ株式会社で基幹システム構築プロジェクトの業務に携わる。2005年より、アサヒビール株式会社物流システム部に。2015年には、エノテカ株式会社物流管理部、2022年アサヒグループジャパン株式会社SCM部を経て、2024年アサヒグループジャパン株式会社ロジスティクス戦略部部長に。現職。国内アサヒグループの物流業務全般を担当する。

Future of Physical Distribution

す。人件費や燃料費はインフレ傾向で、運賃などの収入はデフレ傾向です。顧客である病院の収益もどんどん下がっていて、賃上げすら簡単に進んでいないのが実情です。自動化に関しても、自社の倉庫内では進めていますが、お客様の病院で何かができるかというと、安全面などの課題もあってやはり簡単ではありません。医療業界はまだ同業他社の連携がほとんどありませんし、医療物流インフラを今後どうしていくかという議論すらまだ活発ではないので、そこから進めていかなければならない状況です。

矢野 病院でも共同配送を考えられているんですか。

島田 考えています。医療機器というと狭い分野になりますが、病院として大きく見た場合、いろいろな業者さんが関わっています。最近は病院内にコンビニも入っていますし、食堂や病院食など食品関係の方もいれば、枕やシーツなどリネン関係の方もいます。自分たちも含めて、つい「医療業界は特殊だから」と決めつけがちですが、共同配送ができる領域はあると思っています。

井石 横のつながりは特に大事ですよね。さっき渡部さんがおっしゃっていた「もうそこは走っていません」というルートについても、もしかしたらそこはアサヒグループのトラックが走っているかもしれませんし。今後はそういう情報交換が、本当に大事になってくると思います。

将来に備えて今のうちに手間をかけることも大事

――最後に、物流の未来に向けて、どんなところを変えるべきでしょうか。

渡部 物流側も工夫をしていく必要がありますが、荷物を受け取るお店側にもある程度、理解をしていただかないといけないと思っています。例えばお店のつくり方にしても、今までは店員が動きやすい動線ばかりを気にしていました。でも、カートを運びやすいとか、少し物流サイドの利便性を考慮してもいいかもしれません。

矢野 小さなことでもいいから、たまには物流ファーストで考えられるといいですよね。物流のために何かできることを探して実行すれば、それだけでお店側も物流も助かるかもしれません。例えば、RFIDタグっていろいろなところに使えると思うんです。衣料品店で衣類をカゴに入れてレジに持って行くと、パッと料金を計算してくれます。あれはすべてRFIDタグを活用した結果で、おそらく多くの衣料品メーカーさんが倉庫や棚卸しでもかなり活用されていると思います。これは他の業界でも物流や店舗での工数を減らすために使えるはずですが、いざ導入を検討すると「で、このタグ、誰が貼るの？」というところで頓挫したりします。でも、労働人口減少に対する一つの解決策になるのは間違いありません。作業は一時的に増えるかもしれませんが、物流のためにも、今のうちに未来に向けて手間をかけておくのも大事かなと思います。

渡部 実は当社でもRFIDタグを活用できないかという話が出ました。

矢野 あ、そうなんですね。

渡部 それこそどんぶり一つひとつにタグが付いていれば、それだけでお会計ができます。夢の世界ですよ。でも多くの問題課題があり難しいです。他にもドローンを使ってお弁当を配送するという案もあって、実現できればCO_2削減にもなるし人手不足も解消されると期待されましたが、現時点では実証実験にとどまっているようです。たとえこの件がうまくいかなくて

PROFILE

島田 正司（しまだ・しょうじ）

1958年生まれ。1976年大阪市立都島工業高等学校（都市工学科）卒業後、中央コンピューター株式会社に入社。タケヤ化学工業株式会社を経て1997年小西医療器株式会社に。SPD事業立ち上げに参画し、第一世代SPDシステムを開発。2006年同社SPD事業部次長を経て2014年メディカルソリューション事業本部長に。2015年より執行役員、取締役を経て、2021年常務取締役ソリューション事業本部長に就任。現職。

Chapter 3-6 | Shoji Shimada × Satoshi Yano × Akinobu Iseki × Shigetoshi Watabe

左から渡部さん、井石さん、島田さん、矢野さん。会場は浜松町にあるソフトバンクロボティクス株式会社の会議室をお借りした。

も、考えることをやめたり手を止めたりすると、それこそ物流が停滞してしまう。つねに考え、つねに言い続けていくことが大事かなと思っています。

矢野 今はうまく回っているけど、5年後どうなっているかという視点が大事ですよね。今後、労働人口が減ったらどうなるのか。海外企業が参入してきたらどうなるのか。そうした危機感を持って、あらかじめ打ち手を探り、できることを実行していくのが重要かなと思います。

島田 私たちも同様です。今回の「2024年問題」ではトラックドライバーの方に注目が集まっていますが、実は医師も対象になっています。医師の年間の残業時間は960時間を超えていて、ほとんど過労死ラインです。そこ

で医師が担っていた領域の一部を看護師さんができるようになりました。看護師さんの領域の一部が医療事務の方でもできるようになったり、業務範囲が変わってきています。私たちはその一番下の受け皿になっていきたい。命を救うという志という点ではみんな一緒ですから、業界として何が必要か、今後も積極的に議論していきたいと思っています。

井石 正直に言うと、私たちアサヒグループは、これまで社内でのみ完結していたことをもって「自分たちは全体最適ができている」と思っていました。でも2024年問題も含めて社会全体の課題が明らかになってくると「俺たちがやってきたことは部分最適以外の何ものでもなかったね」とわかってきま

した。でも、こうやってさまざまな業界の皆さんと情報交換をしながら連携していけば、いつか全体最適に近づけるはずです。迫り来る日本の危機に対しては、やっぱり志を同じくする人たちと手をつないでいくことが大事かなと思っています。

──**本日はありがとうございました。**

物流コンソーシアムとは

日本能率協会（JMA）の活動を通じ、異なる業界、さまざまな立場のメンバーが参画。現場課題の共有を行うことで業界・企業の垣根を越えた新たな発想と知恵で課題解決の糸口を見いだす。

Epilogue / Chiga Maruo

【物流変革の今、JMAにできること】

経営者と意識改革を進めて
SCM全体を最適化していく

「2024年問題」をきっかけに、これまで業界全体が目をつぶってきた本質的な問題が表出する今、
一般社団法人日本能率協会（以下、JMA）は何を考え、どんなことに取り組み始めているのか。
JMAでものづくり企業などの産業振興を統括している丸尾智雅氏に、
トップダウンとボトムアップの両面からの物流変革の必要性を聞いた。

Photo:Takafumi Matsumura　Text: Atsushi Watanabe

丸尾　智雅

一般社団法人日本能率協会（JMA）
産業振興センター センター長

――物流変革の必要性が指摘される中、JMAとしてはこれまで物流業界とどんな関わりを持ってこられましたか。

丸尾　一番大きいのは、国際物流総合展という展示会を主催していることです。1968年のマテリアルマネジメントショーの一部が原型で、1994年から今の国際物流総合展という名称でスタートしました。長く隔年での開催でしたが、物流への社会的な関心の高さを受けて、2020年からは間の年に国際物流総合展の別ブランドとしてINNOVATION EXPOを立ち上げ、今は毎年開催になっています。

　国際物流総合展は主催団体が7団体あり、日本産業機械工業会、日本産業車両協会、日本パレット協会、日本運搬車両機器協会、日本物流システム機器協会、日本ロジスティクスシステム協会、そしてJMAとなっています。物流に関する業界団体と一緒に動かしていることも、この展示会の大きな特徴です。国際物流総合展は他のJMA主催の展示会と同じく、ショー＆カンファレンスという形態をとっています。ショーのほうはビジネスマッチングが主目的で、BtoBの商談をメインにした展示会です。カンファレンスのほうは

業界の最新の動向やトレンドを学ぶことが主目的で、会期中に展示会内でセミナーを開催しています。

――およそ30年にわたり展示会を続けてこられたわけですね。その他にはどんなものがありますか。

丸尾　展示会の活動に加えて、2023年からは物流業界の未来をつくっていく活動として、物流コンソーシアムを立ち上げました。メンバーの選定にあたっては、INNOVATION EXPOの企画を考案する企画委員会から人を募りました。これまでの活動を通して、本音で課題を語り合える信頼関係ができており、これをベースに議論の輪を広げていけると考えたからです。

　物流コンソーシアムの最初の活動として、まずは物流の生の課題を知ろうということで、物流倉庫、ターミナル倉庫、メーカーの物流センターなどの現地視察を重ねています。メーカー、外食、ロボティクス、物流運営会社などさまざまな立場の方と意見交換をし、現場課題の共有をしています。これまでのJMAのアプローチでは、各企業の部門別の役員

115

クラスの方に集っていただき、評議員会を組織して、経営課題の共有からJMAのお役立ちを提案してきました。しかし物流部門は各企業に担当役員がほとんどいないという特殊な事情があります。

ダイヤモンド社の2022年調査によると、役員情報を開示している上場企業3900社の中で、物流担当の役員は121人しかいないそうです。しかも、物流だけでなくサプライチェーン、SCMが役職に含まれている役員のカウントなので、純粋なロジスティクスを担当している役員はもっと少ないはずです。物流の課題を考えようと思っても、経営的な視点からそれらを議論できる担当者が少ないということも、物流というテーマを掘り下げるときの難しさの一つになっています。

物流の現場は非常に複雑で分断が進んでいた

——今、日本の物流業界が直面している課題の本質をどのように捉えておられるか教えてください。

丸尾 物流の課題は非常に多岐にわたっています。2024年問題がフィーチャーされたことで配送の人手不足についてはよく知られるようになりました。しかし、物流の課題は特定の工程だけに問題があるものではありません。サプライチェーンで見てみると、商品を作る人、その材料・部品を届ける人、完成品をターミナル倉庫に運ぶ人、店舗や最終消費者に配達する人など、プレイヤーそれぞれの活動に物流の現場があり、複雑に絡み合っています。

そういう意味では、サプライチェーン全体を最適化するということが、物流の課題へのソリューションになると捉えています。そのために、まず自動化やシステム化、DXといったことが必要になりますし、それを担える高度な物流人材の育成も大切です。データ活用ができるようになると、労働生産性の向上やコスト構造の改革、サプライチェーン全体でのGX（CO_2の排出を抑えるなどの環境配慮）にも着手可能になります。その結果として、若者に敬遠されがちな物流業界のイメージ改善にもつながっていくと考えています。とはいえ、サプライチェーンの川上から川下までの物流を全体最適で構想を描き実行していくのは簡単ではありません。実情は、部分最適でシステムが設計され、ソリューションを提供する人、実行する人が別の人・組織に細分化されているため、全体を俯瞰した解決策になりにくいです。全体のプラットフォームや基盤を作るという作業は、個々の企業ではできませんし、各業界団体にも難しいため、国の力に頼りたくなります。

国土交通省にしても経済産業省にしても、サプライチェーン全体の最適化のビジョンを公に発表しており、さまざまな業界の方を巻き込んだ検討会も進められています。けれども、産業界へ落ちてくる実行フェーズでは、個別最適化されたソリューションになってしまいがちです。したがって、JMAは産業界の横串を通しながら実論をもとにしたあるべき姿を描くことに挑戦したいと考えています。

——サプライチェーンの課題解決には全体最適化が有効ということですね。

丸尾 そのとおりです。一方で今現在も複数の企業間や業界という単位での物流の連携がどんどん生まれており、これらが物流変革を牽引しています。当ムックでもNEXT Logistics Japanや日本財団などの事例を取り上げていますが、企業間の連携を促進させるつながりをつくるのもJMAが目指しているところです。

企業間の連携と一口にいっても、簡単なことではありません。そこにはさまざまなレベルでの意識変革が必要です。

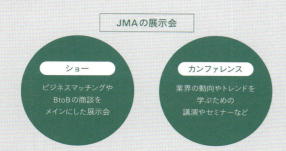

図表1　ショー＆カンファレンスの形態をとる展示会

JMAの展示会

ショー：ビジネスマッチングやBtoBの商談をメインにした展示会

カンファレンス：業界の動向やトレンドを学ぶための講演やセミナーなど

通常の展示会は参加企業が自社の商品をアピールする「見本市」の性格が強いが、JMAでは、セミナーなどを通した学習や研究の場も提供しているのが特徴だ。

Epilogue / Chiga Maruo

PROFILE

丸尾 智雅 (まるお・ちが)

1974年埼玉県生まれ。1997年聖心女子大学文学部卒業後、一般社団法人日本能率協会に入職。教育研修事業を担当、企業の人事育成や幹部候補の育成、役員研修プログラムに携わる。2018年より産業振興センターに転属、2022年センター長に。以後、展示会事業の統括を行う。現職。

例えば、小売業界で自社独自の物流網が競争力の源泉と考えているとします。その場合、他社と連携することは考えにくいでしょう。しかし、その競争力はこれから先も続くのか、一社で独自の仕組みを抱えていくことがbestなのか、人が減っていく中でも維持できる仕組みか、など考えたら別の選択肢を持つ必要があるかもしれません。今まで自分たちが競争領域だと考えてきたところが、実は協調領域ではないか、といったことも当然出てきます。そのような気づきは、業界の常識が違う異業種企業の事例からヒントを得ることができます。JMAでは業界を超えた異業種交流の場を創出することを得意としています。ある業界では当たり前と思っていることが他の業界からは新鮮な気づきになることがあります。逆に業界の常識や慣習にとらわれ、できないと思っていることを他業界の方から素朴な質問として問いを立てられると実はできない理由がないと気づくこともあるようです。

——そこで物流コンソーシアムの活動が重要になってくるということですね。

丸尾　冒頭でもご説明したとおり、今は現状を知るための活動をしています。具体的には、物流倉庫の視察を始めているわけですが、現場の課題がよく見えてきました。例えば、商品を倉庫に入れる工程は自動化されていて、ベルトコンベアが走って無人の領域が非常に多い。ピッキングもロボットがやっている。でも、倉庫から出荷される最後の工程では人がトラックに載せて店舗まで運ばなければならず、圧倒的に人間頼みです。あるいは、いろいろなメーカーから物が集まってくるような、あるターミナル倉庫では、出荷される商品が倉庫内の棚から自動で運ばれてきますが、小売店舗ごとのラックに積み込む工程が自動化されておらず、人間がコンテナを力ずくで向こうに流している場面にも遭遇しました。倉庫内など単体で自動化・無人化できるところは進んでいるのですが、倉庫と配送トラックなど他社と連携して荷物を扱うような結節点をみると、有人のオペレーションが残ったままなのです。

現状のコンソーシアムのメンバーは、サプライチェーンの上流にあたる荷主側の方たちが中心となっています。今後は、それを支える物流インフラ側の方たちも巻き込んでいかなければいけないと強く感じています。モノの流れの結節点をどう設計するべきか、どんな仕組みが最適なのかを追いかけていくつもりです。

そこでの大きなハードルは、今まで接点のなかった企業様同士をつなげ巻き込むことです。役割が違うという認識で交わらなかった組織に同じテーブルについていただく、しかも本音で議論をしていく必要があります。JMAは社会課題解決および業界の持続的発展へ寄与するという大義の下に活動をしておりますので、大義に集う仲間集めをしながら進めていきたいと考えています。

——そういった難しさの中、変革の取り組みを進めるにあたって、何かロールモデルと言えるものはありますか。

丸尾　JMAの購買・調達部門評議員会分科会がよい先行事例になると考えています。購買・調達の分野では、何をどこからいくらで仕入れているか、というサプライヤー情報は企業競争力につながるため他社と共有することはありませんでした。昨今、情報開示の流れから人権、紛争鉱物、CO_2排出量、など必要なサプライヤー情報が多岐にわたるようになってきました。サプライヤー側にしても、開示を求められる情報を取引先へそれぞれ異なるフォーマットで提出する手間がかかっています。その課題解決のためデータ連携という手段を活用しようと議論を重ねています。実装に向けては各社考え方が異なり、情報開示に慎重になり様子をうかがっている企業と、どのような価値を見いだせるかま

Future of Physical Distribution

ずは実行してみようという企業に分かれています。考え方の分かれ目は、全体最適で競争領域を協調領域に転換できるかどうかです。この考え方の転換をしていくプロセスの蓄積は、物流コンソーシアムで生きてくると思います。

冒頭のほうでも言いましたが、物流領域を担当する役員は日本企業ではまだまだ少ないのが現状です。しかし、他社と連携して物流に関する課題解決をしていくには最終的には経営判断が必要になりますから、ボードメンバーがいらっしゃることはとても重要です。

また、開発・技術領域で担当役員が生まれるようになったのは、つい20年ほど前のことでした。小会では2004年に「日本CTOフォーラム」を立ち上げ、日本の産業競争力を高めるため、CTOのあるべき姿や開発・技術領域の課題解決について研究活動を行っております。集まった皆さんからこの領域の問題を他社と腹を割って話して、一緒に解決していけるような場をつくったことに対して、口々にお褒めの言葉をいただくことがあります。JMAがそういう場をつくってくれてよかった、役員クラスの横のつながりをつくってくれたのは非常に大きな貢献だと喜んでくださっています。

——物流担当の役員が日本企業に増えていくことが、物流変革にはどうしても必要だということですね。

丸尾 はい。ただ、役員をおくことが目的ではありませんし、形骸化しては意味がありません。物流について全体最適の目線で改革を進めるため、経営層に進言する役割と権限と実行部隊をもつ人が必要だと考えます。全体最適といっても、①自社の部門を超えた連携、②自社だけでなく他社も含めたサプライチェーン全体の連携、③物流と社会を動かすインフラと捉えた国全体の仕組み、など視座の高さにより課題は変わります。JMAの評議員会活動から言えることは、社内に役員の方がいらっしゃると自社の部門を超えた連携、異業種の役員の方で集まる場があると他社を含めた協調領域の連携、これらの連携活動を経験した企業トップが集まると国全体の連携に関心が集まり課題解決に向けた議論をすることができます。改正物流総合効率化法で一定規模以上の大手荷主と大手物流事業者を対象に2026年以降、CLO（最高ロジスティクス責任者）の選任が義務づけられる見込みです。JMAはその動きに合わせた活動をしていきたいと思います。

経営者と意識改革を進める
よそ者の知見も突破口に

——スピード感をもって物流課題を解決するためにはどんなファクターが大事でしょうか。

丸尾 私たちが言うのは本当におこがましいのですが、やはり経営者とともに物流の意識改革をしていくことです。物流課題の本質的な解決には、大きな投資が必要になってきます。今までのように物流＝コストと考えて、価値を生み

図表2　JMAが主催する主な展示会

展示会	内容	開催時期
●メンテナンス・レジリエンスTOKYO	主に土木・建設業界に向けて建設現場・土木工事現場で使う製品・用品、資材、サービスを集めた展示会。	7月頃開催
●テクノ・フロンティア	メカトロニクス、エレクトロニクス技術などものづくりに特化した展示会。	7月頃開催
●国際物流総合展	最新物流機器やシステム、情報を集めたアジア最大級の展示会。	9月頃開催
●INCHEM TOKYO	1966年から続く、最新科学工業技術を集めた2年に1度の総合展示会。	9月頃開催
●Japan Home Show & Building Show	住まいからビル、街づくりに関する建材・設備の展示会。	11月頃開催
●ビルメンヒューマンフェア＆クリーンEXPO	清掃・衛生に関する資機材を集めたビルメンテナンス専門展示会。	11月頃開催
●HCJ	外食・宿泊、給食・宅配サービス、厨房設備に特化した商談専門展。	2月頃開催
●FOODEX JAPAN	1976年から毎年開催している、アジア最大級の食品・飲料展示会。国内はもちろん海外のバイヤーも多数来場する。	3月頃開催

など……

ださないものと認識されているうちは、予算を確保することさえ難しいからです。

もう一つ、変革のファクターという意味では重要な動きがあります。サプライチェーンの全体最適化をイメージし、物流の新しいシステムをつくっていくために、今は外部パートナーの協力を仰ぎやすい、よい機運ができています。

私たちのINNOVATION EXPOも、2023年は出展企業の4分の1が新規出展企業でした。今までは物流に携わっていなかったような企業がどんどん新規参入してきています。2024年問題をきっかけに、業界としての課題が大きいからこそ、自分たちのソリューションが活かせると提案してくれています。彼らはこれまでは違う業界の企業に提供していたサービスを物流の世界に持ち込むことで課題解決につなげようとしています。他業界での蓄積が物流業界に少しのカスタマイズで転用でき、進化するのであれば新規参入企業による提案は歓迎しています。

——組織や社会を変えるのは「よそ者」だと言いますが、物流の課題についてもそれが言えるということですね。

丸尾　そのとおりです。INNOVATION EXPOに集まってきているような、物流業界以外の知見を上手に集めて活用していくことは、スピード感を持って物流課題を解決するための重要なファクターです。一つの業界にいると慣習となり変えようとしていないことでも、他の業界では効率的な手段が一般化していることがあります。

JMAでも、従来の枠組みを超えた知見のマッチングによる社会課題や経営課題解決のヒントを持ち帰っていただくことに力を入れ始めています。私たちは業界ごとの展示会をたくさん主催していますが、同時に開催展で共通する社会課題をテーマに掲げた企画を実施し、展示会を横でつなげて、来場者のソリューションに役立てるような取り組みもしています。展示会ごとに固有の問題を扱っているように見えて、実は他の業界課題と共通していたり、解決のヒントになるようなものも眠っているので、それをぜひ発掘してほしいと思っています。今までは、JMAからの情報発信は業界・展示会の軸で行っていましたが、お客様の視点に立てば、社会課題、業界課題、経営課題を軸とした情報も期待いただいていると感じています。

——目的の展示会に行きつつ、そこで自分の課題意識に近い、思いがけないリソースと出合えるわけですね。

丸尾　はい。それともう一つ、知見のマッチングという意味では、JMA活動の横断的なオウンドメディアの立ち上げも準備を進めています。これまでも展示会や教育研修、カンファレンスなど個別のプロジェクトごとにウェブサイトを作って、それぞれのコンテンツを作って発信していました。しかし、それだとその業界や分野の人にしか届かず、他のJMAの活動の存在すら知られていないのが実情です。個別にお話しする機会を得て「JMAはこういうこともやっているんだ」と知っていただき関心を持ち活用いただけることがあるたびに発信力の変化が必要だと感じます。JMAの取り組みをもっと横断的に活用していただくことは、産業界の発展への貢献につながると確信していますので、お客様の探している情報に合わせたケーススタディやコンテンツを自由に見つけてもらえるようにしていく予定です。

このオウンドメディアでは動画コンテンツも多くアップしていきます。直感的に、「あっ、これは自分たちの視点に近い」とか「これ、参考にできそう」というように見つけてもらえる体験をしてほしいです。これまで自分たちに関係ないと思っていたことが、実は自分たちが求めていた視点だった、そんな感覚こそ、物流課題の解決に限らず、社会課題に向き合うときには必要だからです。

——最後になりますが、あらためてJMAが物流分野で果たしたい役割について教えてください。

丸尾　JMAでは物流が社会の重要なファンクションであることを再認識し、未来のありたい姿を描きつつ、お客様の現場を見て地に足の着いた活動を始めることが変革の第一歩になると信じています。その活動のお役に立てるよう、各社の物流部門キーパーソンの方々とつながり、人と組織をつなぎ、業界を超えた知、情報、活動の交流を促進させていくことがJMAの役割と考えています。このような活動を通じて課題解決が進み、止まらない物流の実現、物流業界で働く方々の高度化、ステータス向上にも貢献できればうれしく思います。

——本日はありがとうございました。

物流変革
~物流を止めない。社会を動かす~

2025年3月11日　発行

監修	一般社団法人日本能率協会（JMA）
監修担当	一般社団法人日本能率協会（田中達郎、山岸周斗）
プロデューサー	齋藤宏軌
ディレクター	長谷川大佑
編集協力	合同会社ブリッジワークス（渡部睦史、安藤大介）
デザイン	株式会社dig（成宮成、峰村沙那、坂本弓華、山田彩子）
印刷・製本	昭栄印刷株式会社
発行者	山田徹也

東洋経済新報社
〒103-8345　東京都中央区日本橋本石町1-2-1
電話　東洋経済コールセンター　03-6386-1040
https://toyokeizai.net/

©TOYO KEIZAI 2025

Printed in Japan ISBN978-4-492-96247-3

本誌中、特に出所を明示していないものは、各種公開資料に基づいて作成されたものです。

本書のコピー、スキャン、デジタル化等の無断複製は、著作権法上での例外である私的利用を除き禁じられています。
本書を代行業者等の第三者に依頼してコピー、スキャンやデジタル化することは、たとえ個人や家庭内での利用で
あっても一切認められておりません。